Reihe *leicht gemacht* ®

Herausgeber:
Prof. Dr. Hans-Dieter Schwind, Hochschullehrer
Dr. Peter-Helge Hauptmann, Richter am AG

Die Steuer der Immobilien

leicht gemacht

W0011782

Haus- und Grundbesitz im Steuerrecht:
Abschreibung, Bauabzugssteuer, Einheitswert,
Erbbaurecht, Gewerbesteuer, Grunderwerbsteuer,
Grundsteuer, Grundstückshandel, Umsatzsteuer,
Einkunftserzielung, Zebraerlass, Zweitwohnsitzsteuer

von

Dipl.-Kffr., Dipl.-Betriebsw. Kerstin Schober
Steuerberaterin

Ewald von Kleist Verlag, Berlin

Besuchen Sie uns im Internet:
www.kleist-verlag.de

ISBN 3-87440-238-X
978-3-87440-238-5

© 2008 Ewald v. Kleist Verlag
Gestaltung: www.ramminger.de; Michael Haas ComputerSatz, Berlin
Druck & Verarbeitung: Druck und Service GmbH, Neubrandenburg
Gedruckt in Deutschland
leicht gemacht® und *von Kleist*® sind eingetragene Warenzeichen

Inhaltsverzeichnis

I. Die Immobilie im Einkommensteuerrecht

II. Immobilien und Umsatzsteuer

III. Weitere Steuern

Leitsatz- und Übersichtsverzeichnis

(Fortsetzung auf Seite 175)

I. Die Immobilie im Einkommensteuerrecht

Lektion 1: Abgrenzung der Einkünfte aus Vermietung und Verpachtung

Immobilien gelten seit Alters her als wertbeständige Anlageobjekte mit relativ sicherem Wertsteigerungspotential. Staatliche Subventionen und Steuerbegünstigungen haben die Attraktivität von Immobilien als Geldanlageobjekt und Einkunftsquelle signifikant erhöht. Entsprechend hat sich die Immobilienwirtschaft zu einem zukunftsträchtigen Wirtschaftszweig entwickelt. Die fachlichen Anforderungen an den „Dienstleister rund um die Immobilie" sind hoch. Mit dem vorliegenden Buch soll dem Studierenden ein Standardwerk an die Hand gegeben werden, dass es ihm ermöglicht, die Grundlagen der Immobilienbesteuerung in all ihren Facetten zu erlernen und die Grundlagen sicher zu beherrschen.

Auch wenn das deutsche Steuerrecht gern als „Steuerdschungel" verunglimpft wird, soll sich der Lernende davon nicht entmutigen lassen. Das Immobiliensteuerrecht ist wie ein Puzzle, jeder richtig gesetzte Puzzlestein vervollständigt das vermeintliche Wirrwarr. Der erste Teil beschäftigt sich mit der Königsdisziplin, der Einkommensteuer. Hier liegt der Schwerpunkt neben den immobilientypischen Minenfeldern wie Liebhaberei, gewerblicher Grundstückshandel und private Veräußerungsgeschäfte bei der Gewinnermittlung. Angereichert wird dieser Part durch nicht minder wichtige Randthemen, wie beispielsweise die verbilligte Vermietung einer Immobilie innerhalb der Familie, die Bauabzugssteuer, den Nießbrauch oder die Verlustausgleichsbeschränkung.

Der zweite Teil ist der Umsatzsteuer gewidmet. Wir begleiten den umsatzsteuerlichen Lebensweg einer vermieteten Immobilie „von der Wiege bis zur Bahre". Das dritte Drittel des Buches widmet sich weiteren Steuerarten mit Immobilienbezug. Dies sind die Gewerbesteuer, die Grundsteuer und die Grunderwerbsteuer sowie die steuerliche Förderung selbstgenutzter Immobilien und last-but-not-least die Zweitwohnsitzsteuer.

Sie halten nun ein Buch in den Händen, dass Sie dazu befähigen wird, den Hürden des Immobiliensteuerrechts mit solidem Grundwissen entgegen zu treten. Studieren Sie mit Leichtigkeit und der nötigen Portion

Disziplin, so wird der Lernerfolg und damit die Freude über den erlangten Wissensvorsprung nicht ausbleiben.

Abgrenzung § 21 EStG von den anderen Einkunftsarten Einkünfte aus Vermietung und Verpachtung

Einkünfte aus Vermietung und Verpachtung gem. § 21 EStG liegen vor, wenn für die Überlassung bestimmter Vermögensgegenstände ein Nutzungsentgelt fließt.

▬▬ Fall 1

Die Grundstücke A und B liegen hintereinander. Das Grundstück A hat einen Zugang zum Bodensee, während der Besitzer des Grundstücks B einen großen Umweg in Kauf nehmen muss, um an das Wasser zu gelangen. B besitzt ein Segelboot und verbringt jede freie Minute auf dem Wasser. Der Besitzer des Grundstücks A gestattet dem B, sein Grundstück auf dem Weg zum See zu überqueren. Er räumt ihm ein Wegerecht ein, das auch im Grundbuch eingetragen wird. B zahlt für dieses Recht jeden Monat EUR 50 an A. Gehört dieses Entgelt zu den Einkünften aus Vermietung und Verpachtung?

Der § 21 EStG enthält im Absatz 1 eine abschließende Aufzählung aller Tatbestände, die Gegenstand der Vermietung und Verpachtung sein können. Für die Immobilienwirtschaft ist die Nummer 1 relevant, nämlich die Vermietung und Verpachtung von unbeweglichem Vermögen und grundstücksgleichen Rechten. Dazu zählen Grundstücke, Gebäude und Gebäudeteile, Schiffe (nur mit Registereintragung), Luftfahrzeuge (eingetragen in die Luftfahrzeugrolle), Erbbaurechte, Grunddienstbarkeiten, beschränkt persönliche Dienstbarkeiten (z. B. Dauerwohnrecht), Nießbrauch sowie Schürf-, Ausbeutungs- und Abbaurechte (z. B. Fischereirechte).

Zu den Einkünften aus Vermietung und Verpachtung gehören nicht nur die Einnahmen aus der Vermietung von Gebäuden, sondern auch solche Leistungen, die für die Einräumung einer Grunddienstbarkeit erbracht werden. Der Besitzer des Grundstücks A im Fall 1 erhält für die Einräumung des Wegerechtes EUR 50 pro Monat. Damit hat er Einnahmen aus Vermietung und Verpachtung erzielt.

Leitsatz 1

Einkünfte aus Vermietung und Verpachtung

Einkünfte aus Vermietung und Verpachtung gemäß § 21 EStG liegen vor, wenn die Tätigkeit des Steuerpflichtigen den Rahmen der Vermögensverwaltung nicht überschreitet und keine Liebhaberei gegeben ist.

Was es mit den Begriffen Vermögensverwaltung und Liebhaberei auf sich hat, wird nachstehend bzw. in Lektion 03 erläutert.

Vermögensverwaltung

Fall 2

Zahnarzt Z ist noch vom alten Schlag. Das in langjähriger Zahnarzttätigkeit erarbeitete Vermögen hat er auf Rat seines Bankberaters dreigeteilt investiert. Ein Drittel steckt in vermieteten Eigentumswohnungen, ein Drittel in festverzinslichen Geldanlagen und mit dem letzten Drittel zockt Z ein bisschen an der Börse. Liegt Vermögensverwaltung vor?

Das bloße Verwalten eigenen Vermögens ist keine gewerbliche Betätigung. Die Vermögensverwaltung bei Immobilien- und Kapitalvermögen ist dadurch charakterisiert, dass dieses Vermögen zur Fruchtziehung genutzt wird. Dabei ist der Steuerpflichtige bestrebt, die Substanz zu erhalten, er will ja schließlich auch in Zukunft noch Früchte ernten. Vergleicht man die Immobilie mit einem Kirschbaum, dann ist der Bauer bestrebt, den Baum zu hegen und zu pflegen, damit er ihm auch in Zukunft eine reiche Ernte beschert. Würde er den Baum fällen, um das wertvolle Kirschholz an einen Tischler zu verkaufen, käme das einer Vermögensumschichtung gleich – er würde einmalig einen hohen Erlös erzielen – aber danach wäre die Einkunftsquelle weg, es gäbe auch keine Kirschen mehr.

Die Einkommensteuerrichtlinien formulieren die Definition der privaten Vermögensverwaltung sehr prägnant, bitte lesen Sie R 15.7 Abs. 1 EStR!

Leitsatz 2

Vermögensverwaltung

Vermögensverwaltung liegt vor, wenn sich die Betätigung noch als Nutzung von Vermögen im Sinne der Fruchtziehung aus zu erhaltenden Substanzwerten darstellt und die Ausnutzung substanzieller Vermögenswerte durch Umschichtung nicht entscheidend in den Vordergrund tritt.

Z erzielt im Fall 2 mit den Eigentumswohnungen Mieteinnahmen und aus dem Kapitalvermögen Zinsen bzw. Dividenden. Die Mieterträge und Zinsen sind die Früchte, die sein Vermögen abwirft. Auch wird der An- und Verkauf von Wertpapieren als Vermögensverwaltung anzusehen sein, wenn sich die Betätigung in dem für Privatleute üblichen Rahmen bewegt (Bitte die Steuerpflicht nach § 23 EStG beachten).

Fall 3

Der Röntgenarzt R, der ältere Bruder von Z, ist noch konservativer in seinen Geldgeschäften. Nach seiner Auffassung bieten Immobilien die größten Erfolgschancen bei einer relativ hohen Sicherheit vor Wertverlusten. Er hat sein enormes Vermögen ausschließlich in Immobilien investiert. Ihm gehören in der Münchener City nicht nur einzelne Eigentumswohnungen sondern ganze Straßenzüge. Ist das auch noch Vermögensverwaltung?

Die Vermietung und Verpachtung von Grundbesitz stellt auch dann eine bloße Vermögensverwaltung dar, wenn der vermietete Grundbesitz sehr umfangreich ist – die Vermietung „im großen Stil" erfolgt. Dies gilt auch, wenn der Verkehr mit vielen Mietparteien eine erhebliche Verwaltungsarbeit erfordert.

Im Fall 3 muss R trotz des umfangreichen Immobilienbesitzes nicht um die Zuerkennung des Merkmals Vermögensverwaltung fürchten.

Fall 4

Unser R aus Fall 3 hat seinen Immobilienbestand vor über 20 Jahren erworben. Er ist nun dabei, seine Vermögensverhältnisse neu zu ordnen und veräußert den gesamten Immobilienbesitz an verschiedene Erwerber. In den über zwei Jahrzehnten haben die Grundstücke eine exorbitante

Wertsteigerung erfahren. R realisiert diesen Gewinn jetzt auf einen Schlag. Ist das immer noch Vermögensverwaltung?

Werden Vermögensgegenstände langfristig im Rahmen der privaten Vermögensverwaltung genutzt, dann gilt der Verkauf als letzter Akt der Vermögensverwaltung.

Im Fall 4 handelt R immer noch im Rahmen der privaten Vermögensverwaltung, wenn er sein Immobilienvermögen versilbert, denn der Verkauf stellt den Endpunkt nach einer langfristigen Fruchtziehung dar.

▬▬ Fall 5

Warum ist es so entscheidend, dass das Merkmal der Vermögensverwaltung positiv beantwortet wird?

Wird eine der privaten Vermögensverwaltung zuzuordnende Immobilie veräußert, dann fällt der Verkaufsvorgang in die private Vermögensebene des Steuerpflichtigen mit der Folge, dass der Verkaufserlös steuerfrei bleibt. Das Pendant zur privaten Vermögensverwaltung sind die gewerblichen Einkünfte. Ist das Grundstück jedoch einer gewerblichen Betätigung zuzurechnen, sind beim Verkauf realisierte Wertveränderungen auch steuerlich verhaftet. Wird durch den Immobilienverkauf ein Gewinn realisiert, können die steuerlichen Auswirkungen gravierend sein. Neben der Versteuerung bei den Einkünften aus Gewerbebetrieb gem. § 15 EStG schlägt zusätzlich die Gewerbesteuer zu Buche.

Leitsatz 3

!

Gewinne aus der Veräußerung von Grundstücken

Bei den Einkünften aus Vermietung und Verpachtung gem. § 21 EStG ist NIEMALS ein Gewinn aus der Veräußerung eines Grundstücks zu erfassen! Eine Besteuerung von derartigen Gewinnen bei **Grundstücken im Privatvermögen** könnte aber als privates Veräußerungsgeschäft nach **§ 23 EStG** (siehe Lektion 04) in Frage kommen. Liegt das **Grundstück im Betriebsvermögen**, ist der Veräußerungsgewinn bei den gewerblichen Einkünften nach **§ 15 EStG** zu erfassen.

Die Abgrenzung zwischen vermögensverwaltender und gewerblicher Tätigkeit wird nach den Kriterien des Gewerbebetriebes gem. § 15 Abs. 2 EStG vorgenommen – doch dazu mehr in Lektion 02.

Lektion 2: Immobilien im Betriebsvermögen

Eine gewerbliche Betätigung kann sich auch im Grundstücksbereich ergeben. In diesem Fall erzielt der Steuerpflichtige Einkünfte aus Gewerbebetrieb gemäß § 15 EStG. Wann ein Gewerbebetrieb vorliegt, ist im § 15 Abs. 2 Satz 1 EStG definiert. Diese Definition sollten Sie verinnerlichen, lesen sie diese bitte nicht nur einmal. Mit den Details befassen wir uns einige Seiten weiter hinten beim gewerblichen Grundstückshandel.

Einkommensteuerliche Folgen der Gewerblichkeit

Wird ein Grundstück nicht im Privatvermögen sondern im Betriebsvermögen gehalten, dann wird ein etwaiger Veräußerungserlös von der Einkommen- und Gewerbesteuer erfasst. Das Betriebsvermögen kennt keine Privatsphäre. Jeder Geschäftsvorfall ist gewerblich „infiziert".

Die Zuordnung einer Immobilie zum Betriebsvermögen kann in zweierlei Gestalt erfolgen. Das Grundstück kann Anlagevermögen sein, weil es dem Unternehmen dauerhaft dient, z. B. ein Produktionsgebäude als notwendiges Betriebsvermögen. In diesem Fall aktiviert der Unternehmer das Gebäude und schreibt es über die Nutzungsdauer ab. Kommt es zur Veräußerung des Grundstücks, dann werden Wertsteigerungen und -minderungen von der Besteuerung erfasst.

Die andere Möglichkeit besteht in der Zuordnung zum Umlaufvermögen. Zum Umlaufvermögen gehören all jene Wirtschaftsgüter, die dem Betrieb nur vorübergehend dienen. Sie sind für eine kurzfristige Verwertung (Absatz, Verbrauch) bestimmt. Stellt ein Grundstück für den Unternehmer Ware dar, dann wird die Immobilie nicht aktiviert sondern dem Umlaufvermögen zugerechnet. Dies ist typischerweise bei gewerblichen Grundstückshändlern der Fall.

Lesen Sie bitte zur Abgrenzung von Anlage- und Umlaufvermögen in den Einkommensteuerrichtlinien die R 6.1 EStR.

Umlaufvermögen geht durch den Betrieb hindurch, während Anlagevermögen im Betrieb verbleibt.

Immobilien im Anlagevermögen

▎ Fall 6

Der Schuhproduzent S erwirbt am 31.12.00 ein Grundstück mit aufstehendem Fabrikgebäude. Auf den Grund und Boden entfallen EUR 100.000, während EUR 200.000 den Kaufpreis für das Gebäude darstellen. S will die Immobilie als Produktionsstätte nutzen und aktiviert sie im Anlagevermögen seiner Bilanz. Im Jahr 01 knackt er den Lottojackpot und beabsichtigt, sich ins Privatleben zurück zu ziehen. Er verkauft das Gelände zum 31.12.01 für EUR 320.000. Ist der Gewinn aus dem Grundstücksgeschäft zu versteuern?

Gewerbliche Einkünfte umfassen alle Geschäftsvorfälle, die durch den Betrieb veranlasst sind. Das Grundstücksgeschäft erfolgt im Rahmen der betrieblichen Betätigung. Damit ist der Gewinn bei den Einkünften aus Gewerbebetrieb verhaftet.

S erzielt im Fall 6 Einkünfte aus Gewerbebetrieb. Das Fabrikgrundstück gehört zum Betriebsvermögen. S hat es dem Anlagevermögen zugeordnet. Damit kann er Absetzungen für Abnutzung (AfA) vornehmen. Die Abschreibung für Gebäude, die nach dem 31.12.1924 errichtet wurden, beträgt gemäß § 7 Abs. 4 Satz 1 Nr. 2a EStG 2 % jährlich. Diese Abschreibung kann S in seiner Bilanz als Betriebsausgabe geltend machen. Beim Verkauf der Immobilie wird der Verkaufserlös als Einnahme verbucht während im Gegenzug der Buchwert aus dem Anlagevermögen herausgelöst und als Anlagenabgang in die Betriebsausgaben eingestellt wird. S realisiert im Jahr 01 einen Gewinn von EUR 20.000 aus der Wertsteigerung. Durch die Gegenüberstellung von Verkaufserlös und Buchwert neutralisiert sich die Abschreibung. Die EUR 20.000 sind bei den Einkünften aus Gewerbebetrieb zu versteuern sowie der Gewerbesteuer zu unterwerfen. Die bilanziellen Folgen sind nachfolgend dargestellt.

	Bilanz 31.12.00		
Grund und Boden	100.000,00	Eigenkapital	300.000,00
Gebäude	200.000,00		
Summe	300.000,00	Summe	300.000,00

	Bilanz zum 31.12.01		
Grund und Boden	0,00	Eigenkapital	320.000,00
Gebäude	0,00		
Bankkonto	320.000,00		
Summe	320.000,00	Summe	320.000,00

GuV vom 01.01.01 – 31.12.01

Einnahmen

	Verkaufserlös Grundstück	320.000,00

Betriebsausgaben

	Abschreibungen Jahr 01 2% von 200.000	−4.000,00
	Anlagenabgang Buchwert Grund und Boden	−100.000,00
	Anlagenabgang Buchwert Gebäude 200.000 ./. 4.000	−196.000,00
		20.000,00

Immobilien im Umlaufvermögen

▮▮ Fall 7

Der Architekt A ist gewerblicher Grundstückshändler. Sein Unternehmenszweck besteht im wiederholten An- und Verkauf von Grundstücken. Am 31.12.00 erwirbt er ein bebautes Grundstück für EUR 300.000. Er ordnet die Immobilie dem Umlaufvermögen zu. Das Grundstück wird am 31.12.01 mit Verlust für EUR 280.000 verkauft. Ist der Verlust steuerlich nutzbar?

In diesem Fall „wartet" die Ware Grundstück darauf, veräußert zu werden. Ein Anspruch auf Abschreibung besteht nicht, da nur Wirtschaftsgüter des Anlagevermögens abschreibungsfähig sind (§ 7 Abs. 1 EStG). Wird die Ware verkauft, sind Einstandspreis und Verkaufserlös in der Gewinn- und Verlustrechnung gegenüber zu stellen. Nur zwischenzeitlich eingetretene Wertänderungen werden ertragsteuerlich erfasst.

Grundstücke von gewerblichen Grundstückshändlern werden in der Bilanz wie Ware behandelt. Sie sind folglich dem Umlaufvermögen zuzuordnen mit der Konsequenz, dass die Vornahme von AfA unzulässig ist. A hat das Grundstück bilanziell richtig behandelt. Im Fall 7 realisiert A aus dem Grundstücksgeschäft einen Verlust in Höhe von EUR 20.000. Dieser wird sowohl bei den Einkünften aus Gewerbebetrieb als auch bei der Ermittlung der gewerbesteuerlichen Bemessungsgrundlage berücksichtigt. A hat zwar einen wirtschaftlichen Verlust erlitten, er kann diesen immerhin zur Verrechnung mit anderen positiven Einkünften nutzen. Die bilanzielle Darstellung ist nachstehend abgebildet.

Bilanz 31.12.00			
Warenbestand	300.000,00	Eigenkapital	300.000,00
Summe	300.000,00	Summe	300.000,00

➡

Bilanz zum 31.12.01			
Warenbestand	0,00	Eigenkapital	280.000,00
Bankkonto	280.000,00		
Summe	280.000,00	Summe	280.000,00

GuV vom 01.01.01 – 31.12.01	
Einnahmen	
Umsatzerlös Grundstück	280.000,00
Betriebsausgaben	
Bestandveränderung Ware	–300.000,00
	–20.000,00

Gewerblicher Charakter der Vermietungstätigkeit

▬ Fall 8

Familie Holzhuber betreibt im Schwarzwald ein kleines Hotel. Erzielen die Holzhubers gewerbliche Einkünfte oder Einkünfte aus Vermietung und Verpachtung?

In Lektion 01 haben wir gelernt, dass eine Vermietungstätigkeit im Rahmen der Vermögensverwaltung die Besteuerung nach § 21 EStG auslöst. Wird die vermögensverwaltende Tätigkeit jedoch überschritten, dann erlangt die Vermietung einen gewerblichen Charakter. Dies ist dann der Fall, wenn über die Vermietung hinaus erhebliche Sonderleistungen erbracht werden.

Der Betrieb eines Hotels, Gasthofes oder einer Pension ist gewerblich, weil hier – wie im Fall 8 – die Nutzungsüberlassung der Immobilie vor der typischen gewerblichen Gesamtleistung in den Hintergrund tritt. Um ein Hotel zu betreiben, bedarf es einer gewerblichen Organisation, die den ständigen Gästewechsel und die damit einhergehenden Nebentätigkeiten, wie Reinigung, Wäschewechsel, Gastronomieangebot usw. gewährleistet. Solche Sondertätigkeiten gehen über die reine Vermietung – also die Fruchtziehung – hinaus. Familie Holzhuber erzielt mit ihrem Hotel gewerbliche Einkünfte.

■ Fall 9

Der Leipziger Kapitalanleger K erwirbt im Ostseebad Damp eine voll eingerichtete Ferienwohnung in einer Ferienwohnungsanlage. In Anbetracht der großen Entfernung zwischen K's Wohnsitz und seinem Anlageobjekt sieht er sich außer Stande, die Verwaltung der Wohnung selbst zu übernehmen. Deshalb schließt er mit der lokalen Feriendienstorganisation einen Verwaltungsvertrag. Diese kümmert sich um alle Belange der Ferienwohnungsvermietung vom Mietvertragsabschluss über die Schlüsselübergabe bis zur Reinigung sowie Beauftragung kleinerer Reparaturen. Welche Einkünfte erzielt K?

Bei der Vermietung einer Ferienwohnung ist ein Gewerbebetrieb gegeben, wenn

– die Wohnung sich in einer einheitlichen Wohnanlage befindet und dort im Verband mit einer Vielzahl gleichartiger Wohnungen angeboten wird und
– sie vollständig eingerichtet ist und
– die Werbung und Verwaltung einer Feriendienstorganisation übertragen wird und
– die Wohnung hotelmäßig bereitgehalten wird.

Die Verwaltung der Ferienwohnung des K aus Fall 9 wird mit dem gleichen Organisationsaufwand betrieben, wie ein Hotel geführt wird. Die Wohnung ist möbliert, sie ist in eine Ferienwohnungsanlage eingebunden und um die Werbung kümmert sich der lokale Dienstleister. Es sind alle Kriterien für eine gewerbliche Tätigkeit erfüllt, K erzielt Einkünfte aus Gewerbebetrieb.

■ Fall 10

Boran B., ein ehemaliger Tennisprofi, möchte nach Beendigung seiner aktiven Zeit dem Tennissport weiter verbunden bleiben. Die verdienten Preisgelder investiert er in Tennisplätze, um diese an Freizeitsportler stundenweise zu vermieten.

Die Vermietung von Grundbesitz erlangt dann einen gewerblichen Charakter, wenn besondere Umstände hinzutreten, so dass die Vermögensverwaltung überschritten wird. Ein Gewerbebetrieb ist grundsätzlich anzunehmen, wenn Tennisplätze vermietet werden, denn der Spielbetrieb erfordert eine über die reine Vermietung hinausgehende organisatorische Leitung.

B erzielt im Fall 10 gewerbliche Einkünfte.

Gewerblicher Grundstückshandel

Immobilien, die im Betriebsvermögen gehalten werden, sind kraft ihrer Zuordnung bereits gewerblich verhaftet. Nun gibt es aber auch Immobilien im Privatvermögen, die unter bestimmten Umständen zu gewerblichen Einkünften mutieren.

Jetzt haben Sie noch einmal Gelegenheit, den § 15 Abs. 2 EStG zu lesen!

Leitsatz 4

Merkmale des Gewerbebetriebes

Nach § 15 Abs. 2 Satz 1 EStG ist ein Gewerbebetrieb eine selbständige und nachhaltige Betätigung, die mit Gewinnerzielungsabsicht unternommen wird und sich als Teilnahme am allgemeinen wirtschaftlichen Verkehr darstellt, wenn die Betätigung weder als Ausübung von Land- und Forstwirtschaft noch als Ausübung eines freien Berufes noch als andere selbständige Tätigkeit anzusehen ist. Darüber hinaus darf es sich bei der Tätigkeit nicht um private Vermögensverwaltung handeln.

1. **positives Merkmal „Selbständigkeit"**
   Der Steuerpflichtige ist auf eigene Rechnung und Gefahr tätig, er handelt in eigener Verantwortung (Unternehmerinitiative) und trägt das Erfolgswagnis (Unternehmerrisiko).

2. **positives Merkmal „Gewinnerzielungsabsicht"**
   Die Tätigkeit ist darauf gerichtet, Gewinn zu erzielen.

3. **positives Merkmal „Nachhaltigkeit"**
   Eine Tätigkeit ist nachhaltig, wenn sie auf Wiederholung angelegt ist.

4. **positives Merkmal „Selbständigkeit"**
   Der Steuerpflichtige ist auf eigene Rechnung und Gefahr tätig, er handelt in eigener Verantwortung (Unternehmerinitiative) und trägt das Erfolgswagnis (Unternehmerrisiko).

5. **positives Merkmal „Gewinnerzielungsabsicht"**
   Die Tätigkeit ist darauf gerichtet, Gewinn zu erzielen.

6. **positives Merkmal „Nachhaltigkeit"**
   Eine Tätigkeit ist nachhaltig, wenn sie auf Wiederholung angelegt ist.

7. **positives Merkmal „Beteiligung am allgemeinen wirtschaftlichen Verkehr"**
   Das Grundstück wird am Markt für Dritte erkennbar angeboten.

5. und 6. **negative Merkmale „Keine Tätigkeit der Land- und Forstwirtschaft oder aus dem Bereich der selbständigen Tätigkeit"**
   Der Steuerpflichtige übt keine Tätigkeit nach §§ 13 oder 18 EStG aus.

6. **negatives Merkmal „Keine Vermögensverwaltung"**
   Die Grenze von der privaten Vermögensverwaltung wird überschritten, wenn nach dem Gesamtbild der Betätigung und unter Berücksichtigung der Verkehrsauffassung die Ausnutzung substanzieller Vermögenswerte durch Umschichtung gegenüber der Nutzung von Grundbesitz im Sinne der Fruchtziehung aus zu erhaltenden Substanzwerten in den Vordergrund tritt.

Für die Annahme eines gewerblichen Grundstückshandels muss die o.g. Legaldefinition des Gewerbebetriebes nach § 15 Abs. 2 EStG erfüllt sein. Danach sind vier positive Merkmale und drei negative Merkmale zu prüfen. Die vier positiven Merkmale dürften – mit gewissen Ausnahmen – für alle Einkunftsarten kennzeichnend sein. Wesentliches Abgrenzungskriterium ist das Gegensatzpaar private Vermögensverwaltung zu gewerblicher Tätigkeit. Ist die Grenze der Vermögensverwaltung überschritten, liegt ein gewerblicher Grundstückshandel vor.

Die Folgen der gewerblichen Prägung sind immens. Während im Privatvermögen realisierte Ver<<<äußerungsgewinne nicht von der Einkommensteuer erfasst werden (Ausnahme: § 23 EStG – siehe Lektion 04), sind gewerbliche Gewinne stets steuerpflichtig. Bei Immobilientransaktionen werden i.d.R. große Investitionsvolumina bewegt, daher kommt der Abgrenzung zwischen vermögensverwaltender und gewerblicher Tätigkeit solch eine große Bedeutung bei. Andererseits kann es im Verlustfall auch im Interesse des Steuerpflichtigen liegen, die Grenze zur Vermögensverwaltung zu überschreiten, damit die Verluste steuerlich nutzbar sind.

Zur Wiederholung des in Lektion 01 Erlernten sei hier noch mal auf die private Vermögensverwaltung eingegangen.

> Eine Vermögensverwaltung liegt in der Regel vor, wenn Vermögen genutzt, z. B. unbewegliches Vermögen vermietet oder verpachtet wird. Sie ist durch den Erhalt der Substanz gekennzeichnet.

Die Merkmale des gewerblichen Grundstückshandels haben sich durch die Rechtsprechung und die Auslegung des § 15 EStG durch die Finanzverwaltung herauskristallisiert. Die Auffassung der Finanzverwaltung ist in dem BMF-Schreiben vom 26.03.2004, betreffend die Abgrenzung zwischen privater Vermögensverwaltung und gewerblichem Grundstückshandel, niedergelegt.

Fall 11

Privatier P erwarb und veräußerte in den letzten Jahren vier vermietete Eigentumswohnungen:

- 1 Wohnung in Heidelberg   Anschaffung 01   Veräußerung 12
- 2 Wohnungen in Freiburg   Anschaffung 08   Veräußerung 12
- 1 Wohnung in München   Anschaffung 11   Veräußerung 14

Liegt ein gewerblicher Grundstückshandel vor?

Leitsatz 5

Grundsätze des gewerblichen Grundstückshandels

Das Überschreiten der „Drei-Objekt-Grenze" gilt als Indiz für das Vorliegen eines gewerblichen Grundstückshandels. Die Veräußerung von mehr als drei Objekten innerhalb eines Fünfjahreszeitraums ist grundsätzlich gewerblich. Für sog. Branchenkundige verlängert sich dieser Zeitraum auf zehn Jahre. Als Objekt gelten Grundstücke jeglicher Art, also Eigentumswohnungen, Ein- und Zweifamilienhäuser, Mehrfamilienhäuser und Gewerbebauten (sog. Großobjekte). Grundstücke, die eigenen Wohnzwecken dienen, sind nicht einzubeziehen.

Im Fall 11 hat P in den Jahren 12 bis 14 mehr als drei Objekte veräußert. Zu prüfen ist nun der enge zeitliche Zusammenhang zwischen An- und Verkauf. Bei der Heidelberger Wohnung sind die fünf Jahre weit überschritten. Diese Wohnung scheidet aus der Betrachtung aus, sie ist kein Zählobjekt. Es liegen letztendlich nur drei Wohnungen innerhalb der kritischen fünf Jahre, so ist bei P kein gewerblicher Grundstückshandel anzunehmen.

Hinweis: Für diese drei Wohnungen findet § 23 EStG Anwendung (siehe Lektion 04).

Gewerblicher Grundstückshandel ohne Überschreiten der „Drei-Objekt-Grenze" bei Großobjekten (sog. „Ein-Objekt-Fälle")

▒▒ Fall 12

Die Brüder Architekt A, Statiker S und Ingenieur I erwarben im Jahr 01 in der Rechtsform einer GbR ein unbebautes Grundstück mit der Absicht, darauf ein Einkaufszentrum zu errichten und dieses anschließend zu vermieten. Bereits während der Planungsphase ergab sich ein Kontakt mit einem Makler, der sich für die Suche nach einem Käufer für das zu errichtende Einkaufszentrum anbot. Der Makler wurde auch fündig. Mit einem Kaufinteressenten schloss die GbR einen Vorvertrag ab. Die Wünsche des künftigen Erwerbers flossen bereits in die Bauplanung ein. Die GbR betreute das Bauvorhaben umfassend von der Genehmigungsplanung bis zur Bauabnahme, sie beauftragte die bauausführenden Unternehmen, nahm die Bauleistungen ab usw. Nach Baufertigstellung im Jahr 03 erwarb dieser das Objekt.

Der Verkauf eines Grundstücks kann entweder Teil eines gewerblichen Grundstückshandels oder der letzte Akt einer Vermögensverwaltung sein. Die Grenze zwischen privater Vermögensverwaltung und gewerblicher Betätigung ist überschritten, sobald die ursprüngliche Vermietungsabsicht bereits in der Planungsphase oder mit Beginn der Bebauung aufgegeben wird. Im Fall der Errichtung und dem anschließenden Verkauf von sog. Großbauten (Mehrfamilienhäuser, Supermärkte) kann ein gewerblicher Grundstückshandel auch bei weniger als vier Objekten vorliegen. Auf das Indiz der „Drei-Objekt-Grenze" kommt es nämlich nicht an, wenn sich bereits aus anderen Umständen zweifelsfrei eine von Anfang an bestehende Veräußerungsabsicht ergibt. In besonderen

Ausnahmefällen wird das Merkmal der Nachhaltigkeit auch bei der Errichtung und dem Verkauf nur eines Gebäudes bejaht. Dies ist der Fall, wenn die Durchführung des Bauvorhabens dem Bild eines Bauträgers entspricht (Tz. 29 des o.g. BMF-Schreibens). Die Realisierung von Großbauprojekten erfordert einen ungewöhnlich hohen Aufwand und eine Vielzahl von Einzeltätigkeiten (Planung, Beauftragung und Beaufsichtigung der Baufirmen, Abrechnung), die für den Gewerbebetrieb typisch sind.

Außerdem wird eine gewerbliche Tätigkeit angenommen, wenn der Verkauf in zeitlicher Nähe zur Errichtung des Objektes erfolgt und weitere Faktoren hinzutreten, die eine Veräußerungsabsicht belegen (Tz. 28 des o.g. BMF-Schreibens). Dies ist z. B. der Fall, wenn bereits während der Bauzeit ein Makler mit dem Verkauf des Objektes beauftragt wird.

Auch ist das Merkmal der Beteiligung am allgemeinen wirtschaftlichen Verkehr erfüllt, wenn die Tätigkeit der unternehmerischen Marktteilnahme entspricht. Dieses Merkmal erfordert, dass der Steuerpflichtige sich mit seiner Verkaufsabsicht an den allgemeinen Markt, also an einen nicht abgeschlossenen Kreis von Personen, wendet. Es genügt sogar, wenn die Verkaufsabsicht nur einem kleinen Personenkreis, u.U. auch nur einer einzigen Person, bekannt wird und der Steuerpflichtige damit rechnet, die Verkaufsabsicht werde sich herumsprechen.

Im Fall 12 hat die GbR ihre ursprüngliche Absicht, die zu errichtende Einkaufspassage selbst zu vermieten, bereits in der Planungsphase aufgegeben. Dieser Umstand spricht bereits für eine Aufgabe der Vermögensverwaltung. Ergänzend tritt die GbR wie ein Bauträger auf. Sie hat in der zweijährigen Bauphase so viele Aktivitäten entfaltet, um das Grundstück gewinnbringend zu veräußern, dass unter diesem Gesichtspunkt das Merkmal der Nachhaltigkeit zu bejahen ist. Damit ist auch die Errichtung eines einzigen Großobjektes als nachhaltig anzusehen. Ebenso spricht die Art der Vermarktung für eine gewerbliche Betätigung. Die Beteiligung am allgemeinen wirtschaftlichen Verkehr ist erfüllt, wenn sich der Steuerpflichtige an den allgemeinen Markt wendet. Diese Voraussetzung ist gegeben, denn die GbR hat ein Maklerunternehmen damit beauftragt, einen Käufer für das Objekt zu finden. Die GbR wird den Gewinn aus dem Verkauf der Einkaufspassage als gewerblichen Grundstückshandel versteuern müssen, auch wenn es sich hierbei nur um ein einziges Objekt handelt.

Vorweggenommene Erbfolge, Schenkung, Erbfall

▀▀▀ Fall 13

Vater V erwirbt im Jahr 01 vier Eigentumswohnungen. Im Jahr 03 veräußert er drei dieser Wohnungen, die vierte überträgt er im Wege der vorweggenommenen Erfolge auf seinen Sohn S. S, hoch erfreut über den unerwarteten Vermögenszugang, veräußert die Wohnung im Jahr 05, um sich von dem Verkaufserlös ein neues Auto zu kaufen. Ist die Drei-Objekt-Grenze bei V überschritten?

Das o.g. BMF-Schreiben vom 26.03.2004 vertritt unter Tz. 9 des Erlasses die höchst eigenwillige Auffassung, dass Verkäufe des Rechtsnachfolgers auch beim Rechtsvorgänger in die Prüfung des gewerblichen Grundstückshandels einzubeziehen sind, wenn sie durch vorweggenommene Erbfolge oder Schenkung übergegangen sind.

Vater V hat im Fall 13 innerhalb von fünf Jahren drei ETW verkauft. Damit hat er die „Drei-Objekt-Grenze" nicht überschritten. Allerdings hat S die vom V unentgeltlich übernommene Wohnung auch innerhalb der „väterlichen Fünfjahresfrist" veräußert. Damit gilt dieser Verkauf als viertes Zählobjekt bei V mit der Folge, dass der Gewinn aus der Veräußerung der drei Wohnungen als gewerblich einzustufen ist. Diese Rechtsfolge erscheint unlogisch, denn durch die Übertragung der Wohnung an S hat V dargelegt, dass er mit dieser vierten Wohnung gerade keine Einkunftserzielungsabsicht hegt. Hätte der Sohn auf den Autokauf verzichtet und die Wohnung noch einige Jahre gehalten, wäre der Verkauf der drei Wohnungen des Vaters von der Einkommen- und Gewerbsteuer verschont geblieben.

Hinweis: Die veräußerte vierte ETW gilt für S als Zählobjekt. Würde er im engen zeitlichen Zusammenhang auch mehr als drei Objekte veräußern, so wäre diese ETW in die Betrachtung einzubeziehen. Dieser Fall entfaltet Rechtswirkung sowohl für den Rechtsvorgänger als auch für den Rechtsnachfolger. Dagegen sind ererbte Grundstücke keine Zählobjekte, weil aus der Veräußerung durch Erbfall übergegangener Grundstücke kein Rückschluss auf die Verkaufsabsicht des Erblassers gezogen werden kann.

Beteiligungen an Personengesellschaften

Fall 14

Erni übt den Beruf des Immobilienmaklers aus. Durch seine guten Kontakte erlangte er Kenntnis von einer Zwangsversteigerungssache. Das Haus Currystr. 2, bestehend aus 12 Eigentumswohnungen, ist eine Wohneigentümergemeinschaft. Die Wohnungen gehören dem insolventen Bauträger B sowie weiteren Mitgliedern dessen Familie. Erni überzeugt seinen Freund Bill, die 12 Wohnungen gemeinsam in GbR zu ersteigern. Für diesen Zweck gründen sie die GbR Currystr. 2. Für den Erwerb der zwölf ETW bezahlen sie den günstigen Preis von EUR 600.000. Der Ankauf erfolgt im Jahr 01. In der Folgezeit vermietet die GbR Currystr. 2 die Wohnungen. Die Gesellschaft erzielt ab dem Zeitpunkt ihrer Errichtung Einkünfte aus Vermietung und Verpachtung gem. § 21 EStG. Im Jahr 08 sind die Immobilienpreise in sensationelle Höhe geklettert. Daher entschließen sie sich spontan zum Verkauf. Die Wohnungen werden im Paket an einen Investor für EUR 900.000 veräußert. In ihrer Euphorie haben es Erni und Bill versäumt, vorher Rat über die steuerlichen Folgen ihres Handelns einzuholen. Nun sitzen sie bei ihrem Steuerberater und haben folgende Frage: „Ist der Verkaufserlös steuerlich zu erfassen?"

Im Folgenden ist zunächst zu prüfen, ob die Veräußerung der zwölf Wohnungen die tatbestandlichen Voraussetzungen für die Annahme eines Gewerbebetriebs erfüllen. Ob die Merkmale eines Gewerbebetriebes gegeben sind, bestimmt sich nach § 15 Abs. 2 EStG. Danach setzt das Vorliegen eines Gewerbebetriebes eine selbständige nachhaltige Betätigung voraus, die mit Gewinnerzielung unternommen wird und sich als Beteiligung am allgemeinen wirtschaftlichen Verkehr darstellt und die über den Rahmen einer Vermögensverwaltung hinaus geht.

Nach dem zitierten BMF-Schreiben ist bei Beteiligungen an Grundbesitz haltenden Personengesellschaften eine zweigeteilte Prüfung vorzunehmen. In einer ersten Stufe ist zunächst zu prüfen, ob die Gesellschaft selbst die Voraussetzungen der Gewerblichkeit erfüllt. Darüber hinaus sind auf der Ebene des einzelnen Gesellschafters die Merkmale des Gewerbebetriebs abzugleichen.

1. Stufe: Gewerblicher Grundstückshandel auf der Ebene der GbR Currystr. 2

Für die Frage der Gewerblichkeit einer Betätigung kommt es ganz wesentlich auf die Dauer der Nutzung der Immobilie vor der Veräußerung an. Sind bebaute Grundstücke vom Erwerbszeitpunkt bis zur Veräußerung während eines langen Zeitraums – mindestens zehn Jahre – zur Erzielung von Einkünften aus Vermietung und Verpachtung im Sinne des § 21 EStG verwendet worden, so gehört grundsätzlich die Veräußerung dieser Grundstücke zur privaten Vermögensverwaltung (Tz. 2 des BMF-Schreibens vom 26.03.2004). Ein weiteres Kriterium ist die Anzahl der veräußerten Objekte. Eine Veräußerung von mehr als drei Objekten innerhalb eines Zeitraums von fünf Jahren führt grundsätzlich zur Umqualifizierung der Einkünfte in solche aus Gewerbebetrieb.

Im Fall 14 hat die GbR Currystr. 2 die vermögensverwaltende Tätigkeit im Jahr 01 aufgenommen. Der Verkauf erfolgte im Jahr 08; die Vermögensverwaltung umfasst somit einen Zeitraum von mehr als fünf Jahren. Die GbR Currystr. 2 ist daher nicht von der Annahme eines gewerblichen Grundstückshandels bedroht.

2. Stufe: Gewerblicher Grundstückshandel auf der Ebene der Gesellschafter Erni und Bill

Auch, wenn auf GbR-Ebene kein gewerblicher Grundstückshandel diagnostiziert wurde, kann dieser durch die Beteiligung an einer vermögensverwaltenden Gesellschaft durchaus auf Gesellschafterebene verwirklicht werden. Die Betätigung der vermögensverwaltenden Personengesellschaft wird dem Gesellschafter entsprechend seiner Beteiligungsquote zugerechnet. Allerdings sieht das o.g. BMF-Schreiben in Tz. 14 hier eine Ausnahme vor. Ein gewerblicher Grundstückshandel des Gesellschafters ist nicht anzunehmen sein, wenn dessen Beteiligung am Gesellschaftskapital weniger als 10 % der Anteile beträgt oder der Verkehrswert des Gesellschaftsanteils nicht mehr als EUR 250.000 beträgt. Liegt der Gesellschafter über diesen Bagatellgrenzen, dann kommt es darauf an, ob die Immobilienveräußerung im zeitlichen Zusammenhang zu dem ursprünglichen Erwerb steht.

Bei der Prüfung des Kriteriums des zeitlichen Zusammenhangs unterscheidet man Verkäufe innerhalb der ersten fünf Jahre (enger zeitlicher Zusammenhang) und Verkäufe in einem zweiten, weniger kritischen Zeitraum von fünf bis zehn Jahren (Ausdehnung des zeitlichen Zusammenhangs in besonderen Fällen). Der Prüfzeitraum wird auf den Zeitraum von zehn Jahren ausgedehnt, wenn weitere Umstände den Schluss rechtfertigen, dass bereits mit Erwerb der Grundstücke eine zumindest bedingte Veräußerungsabsicht vorlag. Dies wird für sog. „branchenkundige" Steuerpflichtige bejaht.

Im Fall 14 halten die Gesellschafter Erni und Bill je einen Anteil von 50% an der GbR Currystr. 2. Sie sind daher nicht durch die Bagatellregelung geschützt. Ob ein gewerblicher Grundstückshandel gegeben ist, hängt nun von der Beurteilung des zeitlichen Zusammenhangs ab. Der enge zeitliche Zusammenhang ist nicht gegeben, denn Erni und Bill hatten ihre Beteiligung länger als fünf Jahre inne. Ob der zeitliche Zusammenhang auf zehn Jahre ausgedehnt werden muss, hängt nun von den persönlichen Umständen auf Ebene der Gesellschafter ab. Bill ist Zahnarzt. Dies ist unstreitig ein Beruf, der nicht im Verdacht steht, der Immobilienbranche nahe zu stehen. Für Bill ist der zeitliche Zusammenhang nicht erfüllt – seine Beteiligung ist nicht als gewerblicher Grundstückshandel zu werten. Dagegen gilt der Beruf des Immobilienmaklers als branchenkundig. Für Erni ist der zeitliche Zusammenhang auf zehn Jahre auszudehnen. Der Verkauf erfolgt nach sieben Jahren. Die Finanzverwaltung wird bei Erni von einem gewerblichen Grundstückshandel ausgehen. Die Einkünfte ermitteln sich wie folgt:

Verkaufserlös	EUR 900.000
– Anschaffungspreis	EUR 600.000
= Gewinn	EUR 300.000
davon entfallen auf Erni 50%	EUR 150.000

Erni muss EUR 150.000 der Einkommensteuer und der Gewerbesteuer unterwerfen. Da dürfte die Euphorie über den hohen Verkaufserlös verflogen sein. Deshalb; bei Immobilienverkäufen mit Nebenwirkungen fragen Sie vorher Ihren Anwalt oder Steuerberater!

Einbeziehung gescheiterter Grundstückskaufverträge

▬▬ Fall 15

Das Ehepaar E erwarb im Jahr 01 in GbR ein Grundstück. Das aufstehende Gebäude wurde in den Jahren 02 und 03 saniert. Ab 04 wurden die vier Wohnungen des Mehrfamilienhauses fremdvermietet. Im Jahr 08 teilte die GbR das Gebäude in vier Eigentumswohnungen auf und verkaufte diese im gleichen Jahr an verschiedene Interessenten. Allerdings konnte der Erwerber einer Wohnung den Kaufpreis nicht belegen. Der Kaufvertrag wurde rückabgewickelt. Ist die Drei-Objekt-Grenze überschritten?

Bei der Prüfung des zeitlichen Zusammenhangs in Modernisierungs- und Sanierungsfällen wird gem. Tz. 24 des BMF-Schreibens vom 24.03.2004 als Fristbeginn der Abschluss der Modernisierungs- und Sanierungsarbeiten angenommen. Bei der Prüfung der „Drei-Objekt-Grenze" sind auch Objekte einzubeziehen, bei denen der Verkauf beim Vertragsvollzug gescheitert ist (Tz. 8). Auch, wenn ein Kaufvertrag nicht vollzogen wurde, ist auf das obligatorische Rechtsgeschäft abzustellen. Als Indiz für die Veräußerungsabsicht kommen alle Handlungen des Steuerpflichtigen in Betracht, die auf den Willen zur Veräußerung schließen lassen. Der Abschluss eines Verkaufsvertrages ist ein derartiges Indiz. Das spätere Scheitern des Vertrages und seine Rückabwicklung ändern nichts an dieser Einschätzung.

Im Fall 15 beginnt die Frist mit Beendigung der Baumaßnahme Ende 03. Damit bewirkt ein Überschreiten der „Drei-Objekt-Grenze" innerhalb von fünf Jahren – also bis Ende 08 – die Annahme eines gewerblichen Grundstückshandels. Auch die vierte Wohnung, deren Verkauf später gescheitert ist, gilt als Zählobjekt. Damit muss sich die GbR innerhalb von fünf Jahren ab Beendigung der Sanierungsarbeiten vier Objektveräußerungen zurechnen lassen. Sie hat einen gewerblichen Grundstückshandel realisiert.

■■■■ Fall 16
Die Kaufhauskette Kuhstadt AG erwarb und veräußerte innerhalb der letzten fünf Jahre sieben Warenhäuser. Liegt ein gewerblicher Grundstückshandel vor?

Lassen Sie sich nicht irritieren! Die AG erzielt kraft ihrer Rechtsform ohnehin gewerbliche Einkünfte. Da spielt die „Drei-Objekt-Grenze" keine Rolle, denn jedes Grundstücksgeschäft ist betrieblich verhaftet.

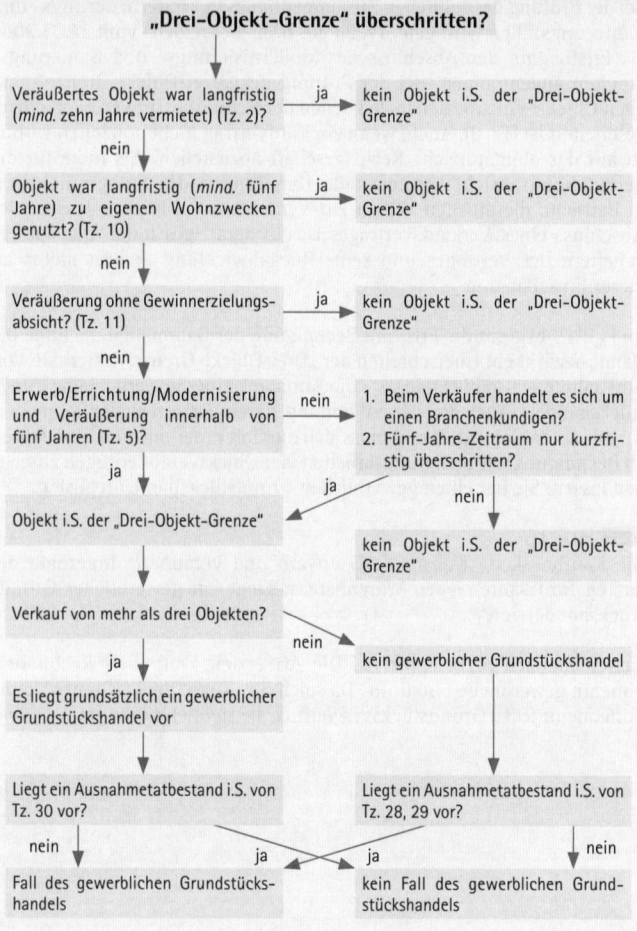

Übersicht 1: Vereinfachtes Prüfschema „Gewerblicher Grundstückshandel"

„Drei-Objekt-Grenze" überschritten?

Veräußertes Objekt war langfristig (*mind.* zehn Jahre vermietet) (Tz. 2)? → **ja** → kein Objekt i.S. der „Drei-Objekt-Grenze"

nein

Objekt war langfristig (*mind.* fünf Jahre) zu eigenen Wohnzwecken genutzt? (Tz. 10) → **ja** → kein Objekt i.S. der „Drei-Objekt-Grenze"

nein

Veräußerung ohne Gewinnerzielungsabsicht? (Tz. 11) → **ja** → kein Objekt i.S. der „Drei-Objekt-Grenze"

nein

Erwerb/Errichtung/Modernisierung und Veräußerung innerhalb von fünf Jahren (Tz. 5)? → **nein** → 1. Beim Verkäufer handelt es sich um einen Branchenkundigen? 2. Fünf-Jahre-Zeitraum nur kurzfristig überschritten?

ja ← **ja** ← **nein** → kein Objekt i.S. der „Drei-Objekt-Grenze"

Objekt i.S. der „Drei-Objekt-Grenze"

Verkauf von mehr als drei Objekten? → **nein** → kein gewerblicher Grundstückshandel

ja

Es liegt grundsätzlich ein gewerblicher Grundstückshandel vor

Liegt ein Ausnahmetatbestand i.S. von Tz. 30 vor? | Liegt ein Ausnahmetatbestand i.S. von Tz. 28, 29 vor?

nein → Fall des gewerblichen Grundstückshandels | **ja** → **ja** → kein Fall des gewerblichen Grundstückshandels | **nein**

Entnommen dem BMF-Schreiben vom 26.03.2004 zur Abgrenzung zwischen privater Vermögensverwaltung und gewerblichem Grundstückshandel

Lektion 3: Einkunftserzielungsabsicht contra Liebhaberei

Die Erzielung von Einkünften aus Vermietung und Verpachtung gem. § 21 EStG erstreckt sich im Regelfall über einen mehrjährigen, bzw. sogar mehrere Jahrzehnte andauernden Zeitraum. Häufig fallen in den ersten Jahren Werbungskostenüberschüsse (Verluste) an. In diesen Fällen sind die Werbungskosten höher als die Einnahmen. Dies ist üblicherweise dann der Fall, wenn der Immobilienerwerb durch einen Kredit finanziert wurde. Eine Rendite – und damit ein Einnahmenüberschuss – tritt erst nach relativ langen Zeiträumen ein. Dementsprechend kann über die Einkunftserzielungsabsicht (§ 2 Abs. 1 EStG) bei den Einkünften aus Vermietung und Verpachtung erst nach einem langen Beurteilungszeitraum befunden werden.

> Einkunftserzielungsabsicht ist die Absicht, durch eine Erwerbstätigkeit bzw. Vermögensnutzung auf Dauer gesehen ein positives Ergebnis zu erzielen.

Den Fiskus interessieren auf Dauer nur positive Einkünfte des Steuerpflichtigen. Von der Rechtsprechung wurde das subjektive Tatbestandsmerkmal der Einkunftserzielungsabsicht (auch als Überschusserzielungsabsicht bezeichnet) entwickelt. Fehlt dem Steuerpflichtigen diese Absicht, dann spricht man von Liebhaberei, mit der Folge, dass die erzielten Verluste nicht mit anderen positiven Einkünften ausgleichsfähig sind.

Nach ständiger Rechtsprechung des BFH ist grundsätzlich davon auszugehen, dass der Steuerpflichtige bei einer auf Dauer angelegten Vermietungstätigkeit beabsichtigt, letztendlich einen Einnahmenüberschuss zu erwirtschaften, selbst wenn sich über längere Zeiträume Werbungskostenüberschüsse ergeben. Etwas anderes soll nur dann gelten, wenn die tatsächliche Gestaltung des Sachverhaltes kein üblicher Fall der Dauervermietung ist.

▪ Fall 17

Vermieter V erwarb im Jahr 01 ein Mietshaus. Das Haus ist in den nachfolgenden Jahren durchgängig – bis auf kurze fluktuationsbedingte Leerstandzeiten – vermietet. Die Mietverträge sind unbefristet und zu marktüblichen Konditionen abgeschlossen. In den ersten zehn Jahren erwirtschaftete V hohe Werbungskostenüberschüsse, da die Investition fremdfinanziert wurde, also hohe Schuldzinsen zu zahlen waren. Infolge einer Umschuldung im Jahr 11 reduziert sich der monatliche Kapitaldienst erheblich. Die Einnahmen-Überschussrechnung des Jahres 11 weist immer noch einen Verlust aus. Wie ist die Frage der Einkunftserzielungsabsicht des V zu beurteilen?

Nahezu jede unternehmerische Betätigung wird in der Anfangsphase mit Verlusten konfrontiert. Ursache sind zumeist keine oder geringe Umsätze, denen Kosten aus eingegangenen Verträgen gegenüber stehen, beispielsweise aus Miet-, Kredit- und Arbeitsverträgen. Diese Verluste kann der Steuerpflichtige mit positiven Einkünften aus anderen Einkunftsarten verrechnen mit der Folge, dass seine Steuerbelastung sinkt. Das Finanzamt billigt dem Unternehmer generell solche typischen Anlaufverluste zu. Bei einem Immobilieninvestment beruhen die anfänglichen Verluste darauf, dass eine Immobilie in der Regel fremdfinanziert wird. Langfristige Finanzierungen bedingen entsprechend lange Verlustphasen. Da längere Verlustphasen im Immobilienbereich branchenspezifisch sind, soll die Eignung einer Immobilie zur Einkunftserzielungsabsicht deshalb nicht in Frage gestellt werden. Daher ist bei einer auf Dauer angelegten Vermietungstätigkeit die Einkunftserzielungsabsicht zu bejahen.

Eine Vermietungstätigkeit ist auf Dauer angelegt, wenn sie nach den bei Beginn der Vermietung ersichtlichen Umständen keiner Befristung unterliegt.

Leitsatz 6

Einkunftserzielung bei den Einkünften aus Vermietung und Verpachtung

Eine einkommensteuerrechtlich relevante Betätigung oder Vermögensnutzung setzt die Absicht voraus, auf Dauer gesehen nachhaltig Überschüsse zu erzielen. Bei den Einkünften aus Vermietung und Verpachtung ist bei einer auf Dauer angelegten Vermietungstätigkeit grundsätzlich ohne weitere Prüfung vom Vorliegen der Einkunftserzielungsabsicht auszugehen.

Der Fall 17 stellt den „Normalfall" der Dauervermietung dar. Bei jeder längerfristigen Vermietung wird zugunsten des Steuerpflichtigen eine Einkunftserzielungsabsicht unterstellt. Die in den Jahren 01 bis 11 erzielten steuerlichen Verluste sind somit anzuerkennen. V kann diese negativen Einkünfte mit positiven Einkünften aus anderen Einkunftsarten verrechnen.

■■■ Fall 18

Zahnarzt Amalgan A, ein passionierter Reiter und Pferdenarr, betreibt neben seiner zahnärztlichen Tätigkeit seit zehn Jahren eine Pferdezucht. Pferde sind von Kindheit an seine Leidenschaft, jede freie Minute verbringt er im Stall und auf der Koppel. Aus der Pferdezucht erwachsen ihm jährlich Verluste zwischen EUR 5.000 und EUR 10.000, die er in der Vergangenheit in seiner Steuererklärung geltend gemacht hat. Das Finanzamt hat die Verluste in den letzten neun Jahren zwar berücksichtigt, aber mit einem Vorläufigkeitsvermerk versehen. Mit dem Steuerbescheid für das Jahr 10 hat das Finanzamt erstmals die Verluste aus der Pferdezucht unberücksichtigt gelassen. In einem ergänzenden Schriftsatz wird A angekündigt, dass auch die Veranlagungen der Jahre 01 bis 09 hinsichtlich der Einkunftserzielungsabsicht auf dem Prüfstand stehen. A erhält Gelegenheit, sich zu äußern. Wie sind die Erfolgsaussichten?

Während branchentypische Anlaufverluste durch das Finanzamt gebilligt werden, wird bei einem mit andauernden Verlusten arbeitenden Betrieb die Einkunftserzielungsabsicht in Frage gestellt. Erzielt ein Betrieb auf Dauer keinen Gewinn, muss der Steuerpflichtige geeignete Konsequenzen ziehen. Entweder er gibt die verlustbringende Tätigkeit auf oder er strukturiert seinen Betrieb um. Erzielt ein Betrieb nach der Anlaufphase immer noch keinen Gewinn, ist davon auszugehen, dass er ungeeignet ist, überhaupt jemals einen Gewinn zu erzielen. Hobbytätigkeiten – die Pferdezucht ist ein typisches privates Hobby – sind objektiv nicht geeignet, einen Totalüberschuss zu erzielen. Solche Tätigkeiten sind als Liebhaberei zu qualifizieren mit der Folge, dass die daraus resultierenden steuerlichen Verluste unberücksichtigt bleiben.

Der Tatbestand der Liebhaberei ist nirgends im Gesetz geregelt. Von Liebhaberei ist auszugehen, wenn privat (mit-)veranlasste Verluste zur Steuerersparnis herangezogen werden. Führen solche außersteuerlichen Motive des Steuerpflichtigen zur Aberkennung der Überschusserzielungsabsicht, so sind keinerlei Einkünfte anzusetzen.

Leitsatz 7

Liebhaberei

Liebhaberei ist eine verlustbringende Tätigkeit ohne Aussicht auf Totalgewinn. Sie wird nicht zur Erzielung positiver Einkünfte sondern aus in der Lebensführung liegenden persönlichen Gründen (z. B. Hobbys) ausgeübt. Verluste aus Liebhaberei bleiben unbeachtlich, d.h. sie können nicht zur Verrechnung mit anderen positiven Einkünften herangezogen werden.

Der Betrieb der Pferdezucht im Fall 18 ist offensichtlich nicht darauf angelegt, Überschüsse zu erzielen. A nimmt seit zehn Jahren Verluste in Kauf, ohne entsprechend gegenzusteuern. Die Pferdezucht des A steht unstreitig im Zusammenhang mit seiner privaten Lebenssphäre. Er nimmt die Verluste aus privaten Gründen in Kauf, denn Pferdezucht ist sein Hobby. Es liegt auf der Hand, dass A die ausschließlich privat veranlassten Aufwendungen aus der Pferdezucht als Steuersparmodell nutzen will. Die Betätigung wird als Liebhaberei qualifiziert werden mit dem Ergebnis, dass die erwirtschafteten Verluste der letzten neun Jahre abzuerkennen sind. Unser A muss sich auf erhebliche Steuernachzahlungen gefasst machen. Die Pferdezucht muss ihm schon sehr lieb sein.

Zur Verdeutlichung der Abgrenzung der Einkunftserzielungsabsicht von der einkommensteuerrechtlich irrelevanten Liebhaberei wurde vorangestellt ein Beispiel aus dem realen Leben gewählt. Liebhabereigeschäfte finden aber nicht nur im Kleinen – wie bei Herrn A – statt. Gerade im Immobiliensektor ist die Abgrenzung nicht so eindeutig wie im Fall 18, die steuerlichen Folgen sind dafür erheblich.

Dem § 21 Abs. 1 Nr. 1 EStG liegt die Annahme zugrunde, dass eine auf Dauer angelegte Vermietungstätigkeit der Erzielung positiver Einkünfte dient. Die Einkunftserzielungsabsicht kann insoweit nur in Ausnahmefällen verneint werden. Die Rechtsprechung hat in der Vergangenheit Kriterien aufgestellt für die Prüfung der Frage, ob eine Einkunftserzielung positiv zu beurteilen ist. Die Finanzverwaltung hat sich diese Rechtsauffassung zu eigen gemacht und die Grundsätze in dem BMF-Schreiben vom 8.10.2004, überschrieben mit „Einkunftserzielung bei den Einkünften aus Vermietung und Verpachtung", festgehalten.

Leerstand

◼◼ Fall 19

Vermieter V besitzt eine Eigentumswohnung, die er zu Wohnzwecken vermietet. Nach Auszug des letzten Mieters findet er keinen Nachmieter. Die Wohnung steht ganzjährig leer. Kann V für die Zeit des Leerstands die Aufwendungen steuermindernd geltend machen?

Aufwendungen für eine Wohnung, die nach auf Dauer angelegter Vermietung leer steht, sind als Werbungskosten bei den Einkünften aus Vermietung und Verpachtung abziehbar, solange der Steuerpflichtige seine Einkunftserzielungsabsicht nicht endgültig aufgegeben hat. Beweisanzeichen hierfür sind z. B. die Beauftragung eines Maklers, regelmäßiges Inserieren der Wohnung, notfalls auch eine Reduzierung des Mietzinses.

Von einem längere Zeit andauernden Leerstand kann – wie im Fall 19 – jeder Vermieter unverschuldet betroffen sein. Gerade in Regionen mit einem Überangebot an Wohnraum sind längere Leerstandszeiten unvermeidbar. V muss nachweisen, dass er sich ernsthaft und nachhaltig um eine Anschlussvermietung bemüht hat. Dann wird einer Berücksichtigung der steuerlichen Verluste durch das Finanzamt nichts im Wege stehen.

Kurzfristige Veräußerung

◼◼ Fall 20

Der Kapitalanleger K erwirbt im Jahr 01 eine Eigentumswohnung. Er schließt mit dem Mieter M einen Zeitmietvertrag über drei Jahre ab. Nach Ablauf der vereinbarten Mietzeit wird die Wohnung leergezogen. In Anbetracht der zwischenzeitlich eingetretenen Wertsteigerung veräußert er die Wohnung im Jahr 04 mit Gewinn. Hat K mit Einkunftserzielungsabsicht gehandelt?

Der Verkauf eines Grundstücks innerhalb von fünf Jahren nach Anschaffung gilt als Beweisanzeichen für eine fehlende Einkunftserzielungsabsicht. Der Steuerpflichtige kann dies durch schlüssige Darlegung des Gegenteils entkräften.

Leitsatz 8

Einkunftserzielung bei kurzfristiger Veräußerung

Verkauft ein Steuerpflichtiger ein Grundstück innerhalb kurzer Zeit – in der Regel **fünf Jahre** – nach Anschaffung bzw. Fertigstellung und war diese Veräußerung **von Anfang an geplant**, so sind die Vermietungsverluste nicht anzuerkennen.

Der Abschluss des auf drei Jahre befristeten Mietvertrages im Fall 20 gilt als klares Beweisanzeichen dafür, dass K bereits zum Erwerbszeitpunkt eine Veräußerungsabsicht hegte. Eine auf Dauer angelegte Vermietung lag nicht vor. Die Einkunftserzielungsabsicht ist zu verneinen. Der bedauernswerte K muss also mit einer Aberkennung der steuerlichen Verluste und entsprechenden Steuernachzahlungen rechnen. *(Hinweis: Der Vorgang ist auch noch als privates Veräußerungsgeschäft gem. § 23 EStG zu versteuern – siehe Lektion 04.)*

Fall 21

Vermieter V erwirbt im Jahr 01 eine Eigentumswohnung, die er unbefristet an einen Wohnungsmieter vermietet. Im Jahr 04 ist seine wirtschaftliche Existenz von einem Insolvenzverfahren bedroht. Notgedrungen muss er die vermietete Wohnung verkaufen.

Eine auf Dauer angelegte Vermietung ist grundsätzlich nicht „liebhabereigefährdet". Allerdings gilt die Aufgabe der Vermietungtätigkeit innerhalb von fünf Jahren als Beweisanzeichen dafür, dass der Steuerpflichtige von Anfang an die Absicht hatte, die Immobilie kurzfristig wieder zu veräußern. Der Steuerpflichtige kann diese Beweisanzeichen erschüttern, indem er darlegt, dass der Verkauf auf Umständen beruht, die erst nach der Anschaffung der Immobilie entstanden sind.

V hat im Fall 21 die Wohnung im Jahr 01 mit der Absicht erworben, diese langfristig zu vermieten. Eine Vermietung ist auf Dauer angelegt, wenn sie keiner Befristung unterliegt. Die Absicht zur Veräußerung ist erst im Jahr 04 durch die eingetretene Zwangslage hinzugetreten. V war durch äußere Umstände zum Verkauf gezwungen. Da V den Entschluss, auf Dauer zu vermieten, endgültig gefasst hatte, ist die nachträglich gefasste Verkaufsabsicht auf Grund neuer Umstände unschädlich für die Einkunftserzielungsabsicht.

Befristete Vermietung vor geplanter Selbstnutzung

■ Fall 22

Journalist J erwirbt im Jahr 01 eine vermietete Eigentumswohnung in Berlin-Mitte in allerbester Wohnlage im Regierungsviertel. Im Jahr 03 kündigt er das Mietverhältnis, weil er selbst einziehen will (Eigenbedarfskündigung). Er hat als politischer Journalist häufig in Berlin zu tun. Die Nähe der Wohnung zum Zentrum der Macht ist ideal für seine Recherchearbeit. Wie ist die Frage der Einkunftserzielungsabsicht zu beurteilen?

Auch hier gilt, wie im Fall 21, dass die Aufgabe der Vermietungtätigkeit innerhalb von fünf Jahren als Beweisanzeichen dafür gilt, dass der Steuerpflichtige von Anfang an die Absicht hatte, die Immobilie kurzfristig wieder zu veräußern. Liegt der Sachverhalt tatsächlich anders, muss der Steuerpflichtige dies schlüssig darlegen.

Die Beurteilung der Einkunftserzielungsabsicht im Fall 22 hängt davon ab, ob J bereits im Erwerbszeitpunkt plante, die Wohnung später selbst zu nutzen. In diesem Fall wäre die Einkunftserzielungsabsicht zu verneinen. War der Wohnbedarf im Jahr 01 jedoch nicht vorhersehbar, kann J den Vorwurf der nicht beabsichtigten Dauervermietung entkräften, in dem er darlegt, wodurch die plötzliche Eigennutzung hervorgerufen wurde.

■ Übersicht 2: Einkunftserzielung bei kurzfristiger Veräußerung oder Selbstnutzung

Jahr 01 → Erwerb	Bei Veräußerung oder Eigennutzung der Immobilie innerhalb von fünf Jahren nach Erwerb wird die Einkunftserzielungsabsicht verneint.
Jahr 05 → Veräußerung oder Selbstnutzung	

Vermietung von Ferienwohnungen

■■■ Fall 23

Das Ehepaar E besitzt an der Ostsee auf dem Darß eine Ferienwohnung. Diese Wohnung wird regelmäßig über verschiedene Internetportale und das Verzeichnis des ortsansässigen Fremdenverkehrsvereins zur Vermietung angeboten. Außerdem verbringt das Ehepaar E seinen Urlaub sowie mehrere verlängerte Wochenenden in der eigenen Ferienwohnung. Darüber hinaus nutzen die erwachsenen Kinder der E mit ihren Familien die Ferienwohnung unentgeltlich. Insgesamt wird die Wohnung somit nur zu 2/3 fremd vermietet. Wie ist die Einkunftserzielungsabsicht zu beurteilen?

Bei einer gemischt genutzten Ferienwohnung wird die zeitweise Selbstnutzung als Indiz gegen die Einkunftserzielungsabsicht gewertet. Der Vorwurf lässt sich nur durch eine Prognoserechnung entkräften, aus der hervorgeht, dass das Investment ein positives Gesamtergebnis, den sog. Totalüberschuss, ergibt. Die Prognoserechnung ist über einen Zeitraum von 30 Jahren zu entwickeln.

Leitsatz 9

! **Totalüberschuss**

Der Totalüberschuss repräsentiert das positive Gesamtergebnis der unternehmerischen Betätigung von der Gründung bis zur Liquidation. Veräußerungsgewinne bleiben bei den Einkünften aus Vermietung und Verpachtung außen vor, da bei den Überschusseinkünften die Wertsteigerung der Vermögenssubstanz nicht berücksichtigt wird.

Wollen die Eheleute E im Fall 23 die Verluste aus der Vermietung der Ferienwohnung steuermindernd nutzen, dann müssen sie ihre Einkunftserzielungsabsicht schlüssig darlegen. Hier hilft nur noch die Prognoseberechnung, die dem Finanzamt zeigt, dass letztendlich ein Totalüberschuss eintreten wird. Bei der Erstellung der Prognoserechnung hilft der Steuerberater, denn ein Steuerunkundiger wäre mit dieser komplexen Vorausschau, die nach einkommensteuerrechtlichen Vorschriften zu erstellen ist, überfordert.

Verbilligte Vermietung

■■■ Fall 24

Vater V erwirbt am Studienort seines Sohnes in Freiburg eine Eigentums-
wohnung und vermietet diese an den Sohn. Der Mietzins beläuft sich auf
EUR 400, marktüblich wären EUR 500. Hat diese verbilligte Vermietung
Auswirkungen auf die Einkunftserzielungsabsicht?

Bei einer langfristigen Vermietung ist grundsätzlich vom Vorliegen einer
Einkunftserzielungsabsicht auszugehen, wenn das Entgelt nicht weniger
als 75 % der ortsüblichen Marktmiete beträgt.

V vermietet die Wohnung im Fall 24 zu 80 % der am Vermietungsort
üblichen Konditionen. Damit liegt die vereinbarte Kaltmiete in dem
Toleranzkorridor zwischen 75 % und 100 %. Die Einkunftserzielung ist
gegeben, V kann die Verluste aus der verbilligten Wohnungsvermietung
an den Sohn steuerlich geltend machen. Schön, dass der Fiskus die
Wohnung für den Filius mit subventioniert!

■■■ Fall 25

Vater V aus Fall 24 vermietet nun zu EUR 300.

Die vereinbarte Miete von EUR 300 liegt um 40 % unterhalb der ortsüblichen Marktmiete. Damit ist die Toleranzgrenze von 25 % überschritten.
Liegt das vereinbarte Entgelt zwischen 56 % und 75 %, dann ist die
Einkunftserzielungsabsicht anhand einer Totalüberschussprognose zu
prüfen. Führt dies zu einem positiven Ergebnis, ist die Einkunftserzielungsabsicht gegeben. Ist die Überschussprognose negativ, muss die
Vermietungstätigkeit in einen entgeltlichen und einen unentgeltlichen
Teil aufgeteilt werden. Wie man sieht, ist es hier mit der Großzügigkeit
des Fiskus vorbei. *(Hinweis: Die gleichen Prozentsätze finden sich im
§ 21 Abs. 2 EStG bezüglich der Einkunftsermittlung bei der verbilligten
Vermietung, siehe Lektion 07.)*

Totalüberschussprognose

In den Fällen 23 und 25 wurde geprüft, ob eine Einkunftserzielungsabsicht gegeben ist. Wir können gedanklich eine Klammer um diese
Fälle ziehen. Immer, wenn die Prüfung der Einkunftserzielungsabsicht

mit einem negativen Ergebnis ausgegangen ist, lässt sich dieser Mangel möglicherweise noch durch die Totalüberschussprognose retten.

Eine fehlende oder zweifelhafte Einkunftserzielungsabsicht kann mit der Totalüberschussprognose über 30 Jahre widerlegt werden. In den Fällen der befristeten Vermietung reduziert sich der Betrachtungszeitraum auf die tatsächliche Vermietungsphase. Zum Nachweis der Einkunftserzielungsabsicht muss die Prognoserechnung einen Gesamtüberschuss ergeben. Für den künftigen Prognosezeitraum sind sämtliche Einnahmen und Ausgaben zu schätzen, insbesondere die Entwicklung der Mieten, der zu erwartenden Reparaturkosten sowie der Zinskonditionen. Sonderabschreibungen und degressive Abschreibungen bleiben unberücksichtigt, lediglich die lineare Abschreibung nach § 7 Abs. 4 EStG ist in Ansatz zu bringen. Kann der Steuerpflichtige nicht darstellen, dass innerhalb des Zeitraums von 30 Jahren ein Totalüberschuss erreicht wird, ist die Einkunftserzielungsabsicht endgültig widerlegt.

Fehlinvestition

▬▬ Fall 26

Baulöwe B kauft im Jahr 01 die auf Rügen gelegene Hotelruine „Zur Möwe" auf. Er saniert das Hotel aufwändig und eröffnet im Jahr 03 sein Hotel. In den ersten beiden Jahren laufen die Geschäfte gut, das Hotel verzeichnet eine hohe Auslastung. In der Zwischenzeit haben in der näheren Umgebung des Hotels „Zur Möwe" weitere Hotels und Pensionen eröffnet. Der Umsatz bricht rapide ein. Clever, wie B ist, versucht er mit gewieften Werbekampagnen und Sonderarrangements Gäste in sein Hotel zu locken. Mit dieser Methode hält er sich noch ein weiteres Jahr über Wasser. Im Jahr 06 muss er enttäuscht feststellen, dass er eine Fehlinvestition getätigt hat. Er bietet sein Hotel zum Verkauf an. In den Jahren 01 bis 06 sind ausschließlich steuerliche Verluste deklariert worden. Wie wird das Finanzamt reagieren?

Eine Fehlmaßnahme bewirkt nicht zwangsläufig eine Aberkennung der Einkunftserzielungsabsicht. Dem Risiko des Scheiterns ist jeder Unternehmer ausgesetzt. Konnte der Steuerpflichtige im Investitionszeitpunkt bei realistischer Planung davon ausgehen, langfristig gesehen einen Totalüberschuss zu erzielen, so ist die Einkunftserzielungsabsicht zu bejahen. Wird die Fehlinvestition offensichtlich, dann ist der Zeitpunkt gekommen, einzuschreiten. Leitet der Unternehmer Sanierungsmaßnahmen ein, so ist auch weiterhin davon auszugehen, dass er mit Gewinnstreben handelt. Sollte er jedoch die Verluste weiterhin über einen längeren Zeitraum hinnehmen, ohne mit entsprechenden Maßnahmen gegen zu steuern, so kann man davon ausgehen, dass er aus Liebhaberei handelt.

Dass sich eine Investition, wie die im Fall 26 zu einer Fehlmaßnahme entwickelt, kann jedem Unternehmer passieren. Wo Gewinnchancen sind, liegen erfahrungsgemäß auch Risiken. B ist angetreten, um mit seinem Hotelbetrieb Gewinne zu erwirtschaften. Als sich die Vermietungssituation unrentabel entwickelte, hat B Maßnahmen ergriffen, um die Umsätze zu stabilisieren. Wie jeder vernünftig handelnde Kaufmann war B bestrebt, die Verluste aus dem Hotelbetrieb zu minimieren. Da er keine Chance auf eine Gesundung des Betriebes sah, hat er sich zum Verkauf entschlossen. B hat bis zuletzt unternehmerisch gehandelt. Die Einkunftserzielungsabsicht ist zu bejahen.

Sonderfall: dauerhaft negative Mieteinkünfte

■ Fall 27

Der mittellose Überlebenskünstler Ü erwirbt eine Immobilie, die er für Vermietungszwecke zu nutzen beabsichtigt. Da er nicht über Eigenkapital verfügt, wird die Investition zu 100 % über ein Bankdarlehen finanziert. In den folgenden 15 Jahren erwirtschaftet er kumuliert EUR 70.000 Einnahmen. An Zinsen zahlte er in dem gleichen Zeitraum EUR 330.000.

Grundsätzlich gilt bei einer auf Dauer angelegten Vermietung, dass die Einkunftserzielungsabsicht zu bejahen ist. In diesem vom BFH zu beurteilenden Sonderfall ist die bisherige BFH-Rechtsprechung ausnahmsweise ins Wanken geraten. Besondere Umstände rechtfertigen eine Überprüfung der Einkunftserzielungsabsicht. Das krasse Missverhältnis zwischen den Mieteinnahmen und den Schuldzinsen sowie die Tatsache, dass angesichts dieser dauerhaft hohen Fremdfinanzierungszinsen kein Konzept bestanden hat, wie in absehbarer Zeit die Werbungskostenüberschüsse kompensiert werden, hat den BFH bewogen, die Einkunftserzielungsabsicht negativ zu beurteilen.

Ü hat über Jahre Schuldzinsen in enormer Höhe auflaufen lassen, während die Mieteinnahmen diese nur zu einem Bruchteil kompensieren konnten. Ü hat völlig blauäugig und naiv die Vermietung weiter betrieben, ohne unternehmerisch denkend einzugreifen. Angesichts dieses Missverhältnisses hätte er ein Finanzierungskonzept entwickeln müssen, um perspektivisch positive Einkünfte zu erzielen. Es handelt sich bei diesem Urteil um eine absolute Ausnahmeentscheidung.

Hinweis: *In einem weiteren Ausnahmefall hat der BFH ebenfalls den Daumen gesenkt. Bei der Vermietung besonders aufwändig gestalteter oder ausgestatteter Wohngebäude, bei denen die Marktmiete den besonderen Wohnwert offensichtlich nicht angemessen widerspiegelt, ist Liebhaberei anzunehmen. Im Urteilsfall wurde ein Einfamilienhaus mit einer Wohnfläche von mehr als 300 qm vermietet. Zum Haus gehörte eine Schwimmhalle sowie eine hochwertige mitvermietete Inneneinrichtung (Einbauküche im Wert von über DM 100.000).*

■ Übersicht 3: Einkunftserzielungsabsicht

Nr.	Sachverhalt	Folge
1)	Dauervermietung	→ Einkunftserzielungsabsicht wird unterstellt → Liebhabereiüberprüfungsverbot
2a)	Beendigung der Dauervermietung innerhalb von 5 Jahren z. B. durch Veräußerung oder Selbstnutzung	→ es wird unterstellt, dass die kurzfristige Nutzung von Anfang an geplant war, damit ist die Dauervermietungsabsicht widerlegt → Liebhaberei
2b)	Beendigung der Dauervermietung innerhalb von fünf Jahren durch nachträglich gefassten Beschluss	→ die ursprüngliche Dauervermietungsabsicht wird bejaht → Einkunftserzielungsabsicht bleibt erhalten
3)	teilweise Selbstnutzung (gemischte Nutzung) z. B. bei Ferienwohnungen	→ die Selbstnutzung impliziert Liebhaberei → Widerlegung durch Totalüberschussprognose

4a)	verbilligte Vermietung zwischen 75% und 100% der ortsüblichen Marktmiete	→ bei Dauervermietung wird Einkunftserzielungsabsicht unterstellt
4b)	verbilligte Vermietung zwischen 56% und 75% der ortsüblichen Marktmiete	→ Einkunftserzielungsabsicht hängt vom Ergebnis der Totalüberschussprognose ab → bei negativer Prognose: Aufteilung in entgeltliche und unentgeltliche Vermietung
5)	Fehlinvestition	→ Einkunftserzielungsabsicht wird – zumindest in den Anfangsjahren – grundsätzlich bejaht
6)	Sonderfall dauerhaft negative Mieteinkünfte	→ bei einem krassen Missverhältniss zwischen Einnahmen und Werbungskosten, verbunden mit dem Fehlen eines Konzeptes zur Kompensation der Verluste durch künftige positive Einkünfte ist die Einkunftserzielungsabsicht ausnahmsweise zu versagen

Lektion 4: Einkünfte aus privaten Veräußerungsgeschäften

Kaum eine Vorschrift hat in der Vergangenheit soviel Aufmerksamkeit ausgelöst wie § 23 EStG. Die vormals mit dem Begriff der Spekulationseinkünfte verbundene Vorschrift wurde – bezogen auf private Grundstücksveräußerungen – erheblich ausgeweitet. Während § 23 EStG ursprünglich nur Einkünfte aus Spekulationsgeschäften erfasste, erfolgt nun eine umfassendere Besteuerung von privaten Grundstücksveräußerungen. Die Ausdehnung der Behaltensfrist auf zehn Jahre bewirkt, dass innerhalb dieses Zeitraums realisierte Wertsteigerungen und –minderungen im privaten Bereich der Einkommensbesteuerung unterworfen werden. Ausnahmen gelten lediglich für zu eigenen Wohnzwecken genutzte Gebäude. Die Finanzverwaltung klärt im BMF-Schreiben vom

05.10.2000 Praxisfragen, die sich allein aus dem Gesetzestext nicht eindeutig beantworten lassen.

Leitsatz 10

!

Einkünfte aus privaten Veräußerungsgeschäften

Nach § 22 Nr. 2 EStG i.V.m. § 23 Abs. 1 Satz 1 Nr. 1 EStG handelt es sich um ein **privates Veräußerungsgeschäft**, wenn ein Grundstück des **Privatvermögens** veräußert wird, bei dem der Zeitraum zwischen Anschaffung und Veräußerung nicht mehr als **zehn Jahre** beträgt.

Fristberechnung

 **Fall 28**

Vermieter V erwarb mit notariellem Kaufvertrag vom 20.04.01 ein Mietshaus. Der Nutzen-Lastenwechsel trat am 31.05.01 ein. Seit diesem Zeitpunkt nutzte er das Gebäude zur Erzielung von Einnahmen aus Vermietung und Verpachtung. In Anbetracht der gestiegenen Immobilienpreise entschließt sich V zehn Jahre später zum Verkauf der Immobilie. Er realisiert dabei einen erheblichen Gewinn. Mit Datum vom 20.04.11 wurde der Verkaufsvertrag beurkundet. Der Nutzen-Lastenwechsel erfolgte am 01.05.11. Ist der Gewinn als privates Veräußerungsgeschäft zu versteuern?

Der Besteuerung als privates Veräußerungsgeschäft unterfallen jene Veräußerungsgeschäfte, bei denen der Zeitraum zwischen Anschaffung und Veräußerung nicht mehr als zehn Jahre beträgt. Für die Berechnung dieser Zehnjahresfrist ist das obligatorische Rechtsgeschäft maßgeblich. Die entscheidenden „Ereignisse" zur Beurteilung bzw. Berechnung der Fristen gem. § 23 EStG sind die notariellen Grundstückskaufverträge. Ein späterer Wirksamkeitsstichtag, wie der Nutzen-Lastenwechsel, ist hierbei ohne Bedeutung. Genauso wenig kommt es auf den Zeitpunkt der Bezahlung des Kaufpreises an.

V hält im Fall 28 in seinem Privatvermögen eine Immobilie, die er zur Erzielung von Einkünften aus Vermietung und Verpachtung nutzt. Vermietungsaktivitäten gelten als sog. Vermögensverwaltung (siehe Lektion 01) mit der Folge, dass das Mietshaus als privates Wirtschaftsgut i.S.d. § 23 EStG zu qualifizieren ist. V hat am 20.04.01 den Ankaufsvertrag abgeschlossen. Die Frist gem. § 23 EStG beginnt mit dem Tag nach Abschluss des obligatorischen Rechtsgeschäftes am 21.04.01 und dauert zehn Jahre. Sie endet am 20.04.11 um 24 Uhr. Der Verkaufsvertrag wurde am 20.04.11, also am letzten Tag der zehnjährigen Haltefrist, beurkundet. Damit hat V an dem letzten Tag der zehnjährigen Frist Einkünfte aus privaten Veräußerungsgeschäften gem. § 23 EStG realisiert. Hätte er den Kaufvertrag einen Tag später beurkunden lassen, wäre das Grundstück steuerentstrickt gewesen. Solch ein Pech!

Nutzung zu Wohnzwecken

▉ Fall 29

Knut, angestellter Bierbrauer bei einer Rostocker Brauerei, erwirbt im Jahr 01 ein Einfamilienhaus in Rostock. Zu Weiterbildungsveranstaltungen reist er regelmäßig in die Hochburg der Bierbrauerzunft nach Bayern. Dort lernt er nicht nur das Brauen von Bier, sondern auf dem Oktoberfest in München auch die Heidi kennen. Im Jahr 03 entschließt er sich, mit Heidi zusammenzuziehen. Er findet bei einer Münchener Brauerei eine Anstellung, kündigt seinen Arbeitsvertrag in Rostock und zieht noch im selben Jahr zu Heidi nach Bayern. Mit dem Verkauf des Hauses in Rostock beauftragt er einen ortsansässigen Makler. Trotz intensivster Bemühungen findet dieser erst im Jahr 05 einen Käufer. In der Zeit zwischen Auszug und Verkauf steht das Haus leer. Liegt ein privates Veräußerungsgeschäft vor?

Nach § 23 Abs. 1 Satz 1 Nr. 1 Satz 3 EStG sind jene Wirtschaftsgüter von der Besteuerung als privates Veräußerungsgeschäft ausgenommen, die zu eigenen Wohnzwecken genutzt werden. Ein Leerstand zwischen Beendigung der Nutzung zu eigenen Wohnzwecken und Veräußerung des Gebäudes ist unschädlich, wenn der Steuerpflichtige seine Veräußerungsabsicht nachweisen kann.

Knut hat das Einfamilienhaus im Fall 29 bis zu seinem Umzug nach München zu eigenen Wohnzwecken genutzt. Während der Leerstandszeit wurde nachweislich durch den Makler die Suche nach einem Käufer betrieben. Knut hat durch den Verkauf kein privates Veräußerungsgeschäft getätigt, denn er wird durch die Ausnahmeregelung im § 23 Abs. 1 Satz 1 Nr. 1 Satz 3 EStG geschützt.

Fall 30

Professor P besitzt mehrere Eigentumswohnungen, die er innerhalb der letzten zehn Jahre angeschafft hat.

- Wohnung Nr. 01 befindet sich an seinem Wohnort in Berlin. Diese bewohnt er selbst.
- Wohnung Nr. 02 befindet sich in Dresden. Diese Wohnung wurde aus beruflichen Gründen angeschafft. P hält an der Dresdner Technischen Universität wöchentlich Vorlesungen. Während seiner Dresdenaufenthalte lebt er in dieser Wohnung. Wenn P die Wohnung nicht selbst nutzt, steht diese leer.
- Wohnung Nr. 03 befindet sich in Jena. P hat die Wohnung seiner in Jena studierenden Tochter unentgeltlich für die Zeit des Studiums zur Verfügung gestellt.
- Wohnung Nr. 04 und Nr. 05 befinden sich in einem Apartmenthaus auf der Insel Sylt. Die Wohnung Nr. 04 vermietet P an Feriengäste während die Wohnung Nr. 05 ausschließlich von ihm selbst für Urlaubszwecke genutzt wird. P duldet keine fremden Menschen in seinem persönlichen Wohnbereich, deshalb steht die Wohnung während der meisten Zeit des Jahres leer.

Da sich P mittlerweile auch international profiliert hat, bekommt er eine Berufung an die Harvard University. Er erwägt einen Umzug in die USA. Seine Tochter möchte ihn begleiten und ihr Studium in Harvard fortsetzen. Aus diesem Grund veräußert P alle fünf Wohnungen. Lösen diese Verkäufe eine Besteuerung als privates Veräußerungsgeschäft aus?

Ein privates Veräußerungsgeschäft liegt nach § 23 Abs. 1 Satz 1 Nr. 1 Satz 3 EStG nicht vor, wenn das veräußerte Wirtschaftsgut in der Zeit zwischen Anschaffung bzw. Errichtung und Veräußerung zu eigenen Wohnzwecken genutzt wurde.

Im Fall 30 ist zu prüfen, ob die Wohnungen 01 bis 05 vor ihrer Veräußerung Wohnzwecken gedient haben.

Die Berliner Wohnung Nr. 01 diente eindeutig Wohnzwecken, denn sie wurde von P als Hauptwohnsitz genutzt.

Auch die Dresdner Wohnung Nr. 02 diente Wohnzwecken. P hat sie im Rahmen der doppelten Haushaltsführung ausschließlich selbst bewohnt.

Die Jenaer Wohnung Nr. 03 wurde der Tochter unentgeltlich als Wohnung für die Zeit des Studiums überlassen. Eine Nutzung zu Wohnzwecken liegt auch vor, wenn der Steuerpflichtige das Wirtschaftsgut einem einkommensteuerrechtlich zu berücksichtigendem Kind – für das er Anspruch auf Kindergeld oder den Kinderfreibetrag hat – unentgeltlich als Wohnung überlässt. Auch diese Wohnung erfüllt somit das Kriterium „Nutzung zu eigenen Wohnzwecken".

Die Sylter Wohnung Nr. 04 vermietet P an Feriengäste. Sie dient der Vermietung und nicht eigenen Wohnzwecken. Deshalb ist sie von der Begünstigung des § 23 Abs. 1 Satz 1 Nr. 1 Satz 3 EStG ausgenommen.

Dagegen wird die Sylter Wohnung Nr. 05 ausschließlich von P genutzt. Sie erfüllt damit das Erfordernis „Nutzung zu eigenen Wohnzwecken".

Zusammenfassend ist festzustellen, dass alle Wohnungen, bis auf Wohnung Nr. 04, von der Besteuerung als privates Veräußerungsgeschäft verschont bleiben, da sie ausschließlich zu eigenen Wohnzwecken genutzt werden. Hinsichtlich der Ferienwohnung Nr. 04 wäre P zu empfehlen, den Verkauf auf einen Zeitpunkt nach Ablauf der zehnjährigen steuerlichen „Schamfrist" zu verschieben, um der Besteuerung gemäß § 23 EStG zu entgehen. Dies macht allerdings nur Sinn, wenn diese Sylter Wohnung eine Wertsteigerung erfahren hat.

Beteiligung an Personengesellschaften

■■■ Fall 31

Kapitalanleger K beteiligt sich im Jahr 01 an einem steuerorientierten geschlossenen Immobilienfonds in der Rechtsform einer Gesellschaft bürgerlichen Rechts. Gesellschaftszweck der GbR ist es, in der Peripherie einer deutschen Großstadt ein Einkaufszentrum zu errichten und anschließend zu vermieten. Die Gesellschaft erzielt Einkünfte aus Vermietung und Verpachtung. Der Fonds erzielt in den ersten Jahren u.a. auch durch Inanspruchnahme von Sonderabschreibungen nach dem Fördergebietsgesetz steuerliche Verluste, die K mit anderen positiven Einkünften verrechnen kann. Da K mit der Höchststrafe „Reichensteuer" besteuert wird, ist der Steuerspareffekt aus den zugewiesenen Fondsverlusten erheblich. Anhand der Prospektprognose konnte er ablesen, wie sich der Steuerspareffekt entwickeln wird. Da K zu den Menschen gehört, die dem Finanzamt gar nichts gönnen, beteiligt er sich in dem für ihn maximal möglichen Rahmen. Er zeichnet einen Anteil von 20 %. In den ersten Jahren treten die steuerlichen Verluste plangemäß ein, was K sehr erfreut. Allerdings entwickeln sich die Mieten in den Folgejahren nicht wie erwartet. Auch stehen einige Geschäftslokale in dem Einkaufszentrum leer, so dass die tatsächliche Mietentwicklung erheblich von den Prognosewerten abweicht. Diese wirtschaftliche Schieflage verstärkt sich so sehr, dass das Grundstück in die Zwangsverwaltung gerät. Letztendlich wird die gesellschaftseigene Immobilie im Jahr 07 zwangsversteigert.

Der Besteuerungstatbestand des § 23 EStG betrifft nicht nur den schlichten An- und Verkauf von Immobilien, sondern auch den unmittelbaren und mittelbaren (anteiligen) Grundstückserwerb im Rahmen der Beteiligung an einer Personengesellschaft und die nachfolgende Grundstücksveräußerung innerhalb der Zehn-Jahresfrist (§ 23 Abs. 1 Satz 4 EStG). Die Rechtsfolgen des § 23 EStG treten für alle Gesellschafter ein. Dies ist auch dann der Fall, wenn die Verwertung aufgrund Insolvenz der Gesellschaft im Rahmen einer Zwangsversteigerung erfolgt. Die Motive und Umstände, die zu der Veräußerung führen, sind für die Annahme eines privaten Veräußerungsgeschäftes unbeachtlich. Ein steuerlicher Veräußerungsgewinn kann auch dann eintreten, wenn die Immobilie wirtschaftlich mit Verlust veräußert wird. Dies liegt daran, dass der Unterschiedsbetrag zwischen Buchwert und Veräußerungspreis besteuert wird. Faktisch werden hiernach also die Abschreibungen rückgängig gemacht (siehe hierzu § 23 Abs. 3 Satz 4 EStG und den nachfolgenden Fall 32).

Unser K aus Fall 31 hat sich mit diesem Beteiligungsengagement völlig verspekuliert. Der Verkauf der gesellschaftseigenen Immobilie löst eine Besteuerung nach § 23 EStG aus, an der er – entsprechend seiner Beteiligungsquote – zu 20 % partizipiert. Obwohl das Investment wirtschaftlich kein Erfolg war, wird K höchstwahrscheinlich einen Veräußerungsgewinn versteuern müssen, denn die in der Vergangenheit in Anspruch genommenen Abschreibungen werden nun nachversteuert. Wäre K im Jahr 01 nicht so risikobereit gewesen, hätte ihn dies vor einer beträchtlichen Steuerzahlung für das Jahr 07 bewahrt.

Nachversteuerung der Abschreibungen

■■■ Fall 32

Unser Kapitalanleger K aus Fall 31 ist „Mehrfachtäter". Er hat nicht nur die Beteiligung an dem maroden Fonds gezeichnet sondern auch noch eine Eigentumswohnung erworben, die er zu Wohnzwecken vermietet. Für die Wohnung hat er im Erwerbszeitpunkt im Jahr 01 EUR 100.000 bezahlt. Im Jahr 08 sieht er sich gezwungen, die Wohnung zu veräußern. Die § 23er Einkünfte aus der Fondsbeteiligung lösten eine hohe Steuernachzahlung aus. Seine Einkünfte waren in den letzten Jahren rückläufig, so dass seine liquiden Reserven erschöpft sind. Aus dem Verkaufserlös der Wohnung beabsichtigt er nun, seine Steuerschulden zu begleichen. Leider war die erworbene ETW aus Renditegesichtspunkten auch ein Fehlgriff. Der Verkehrswert ist zwar nicht gefallen, aber auch nicht gestiegen. K verkauft die Wohnung für EUR 100.000. Er tröstet sich damit, dass er in den acht Jahren der Vermietung immerhin steuerliche Abschreibungen in Höhe von EUR 66.000 geltend machen konnte. Wie sind die Einkünfte nach § 23 EStG zu ermitteln?

Der Gewinn aus einem privaten Veräußerungsgeschäft errechnet sich als Unterschied zwischen dem Veräußerungspreis des Grundstücks einerseits und den Anschaffungskosten des Grundstücks sowie den Werbungskosten (Veräußerungskosten) andererseits (§ 23 Abs. 3 Satz 1 EStG). Die Vorschrift des § 23 Abs. 3 Satz 4 EStG, wonach die Anschaffungskosten des Gebäudes um bei der Einkunftsermittlung abgezogene Abschreibungsbeträge zu mindern sind, ist hinsichtlich Immobilienerwerben ab 01.08.1995 zu beachten. Nach § 52 Abs. 39 Satz 5 EStG ist diese Regelung auf private Veräußerungsgeschäfte anzuwenden, bei denen der Steuerpflichtige das Wirtschaftsgut nach dem 31.07.1995 anschafft und veräußert. Im Ergebnis ermitteln sich die Einkünfte gem. § 23 EStG durch Gegenüberstellung des Verkaufspreises und des Buchwertes zum Stichtag des Verkaufs.

Leitsatz 11

!

Einkunftsermittlung nach § 23 EStG

Veräußerungspreis

./. Buchwert (in Altfällen Anschaffungskosten)

<u>./. Veräußerungskosten</u>

= Einkünfte aus privaten Veräußerungsgeschäften

Der Ansatz des Buchwertes ist bei folgenden Fallkonstellationen anwendbar:

– Anschaffungsfall: Erwerb der Immobilie nach dem 31.07.1995
– Herstellungsfall: Fertigstellung der Immobilie nach dem 31.12.1998

In Altfällen unterbleibt die Rückrechnung der Abschreibung.

Es sei unterstellt, dass K aus Fall 32 die Wohnung nach dem 31.07.1995 erworben hat. Der Verkauf erfolgte innerhalb der zehnjährigen Behaltensfrist. Er hat durch den Verkauf ein privates Veräußerungsgeschäft realisiert. Der Gewinn ermittelt sich wie folgt:

Veräußerungspreis: EUR 100.000
./. Buchwert: <u>EUR   34.000</u>   (100.000 ./. 66.000 Sonderabschreibung und lineare AfA)

= § 23er Gewinn: EUR   66.000

Da sich Verkaufserlös und Anschaffungspreis zufällig decken, wird das § 23er Ergebnis ausschließlich aus der nachzuversteuernden Abschreibung gespeist. K versteuert die komplette Abschreibung, die er in den Jahren 01 bis 08 steuermindernd geltend gemacht hat, auf einen Schlag im Jahr 08, was zusätzlich den Steuertarif in die Höhe treibt. Der Trost über den Steuerspareffekt war wohl verfrüht.

Hinweis: *Die gleiche Folge ergäbe sich, wenn K die Eigentumswohnung nicht angeschafft sondern als Bauherr selbst errichtet hätte. Allerdings wäre dann auf den Stichtag 31.12.1998 abzustellen.*

Erbfall

▮▮ Fall 33

Tante Gertrud G erwirbt im Jahr 01 eine vermietete Eigentumswohnung für EUR 120.000. Im Jahr 05 verstirbt G. Erbin ihrer Wohnung ist ihre Nichte Chantal Ch. Im Jahr 07 veräußert Ch die Wohnung für EUR 150.000. Für die Suche nach einem potentiellen Käufer hat sie einen Makler beauftragt. Dieser stellt für seine Dienste EUR 9.000 in Rechnung. Liegt ein privates Veräußerungsgeschäft vor?

Nicht betroffen von der Besteuerung nach § 23 EStG ist ein unentgeltlich durch Erbfall erworbenes Wirtschaftsgut. Es liegt keine Anschaffung i.S.d. § 23 EStG vor. Dem Rechtsnachfolger ist die Anschaffung durch den Rechtsvorgänger zuzurechnen (§ 23 Abs. 1 Satz 3 EStG). Die Zehn-Jahres-Betrachtung ist also für Rechtsvorgänger und Rechtsnachfolger zusammen zu fassen.

Der Übergang der ETW von G auf Ch durch Erbfall im Fall 33 löst keine Besteuerung nach § 23 EStG aus. Der Erbe tritt in die Rechtsposition des Erblassers, d.h. die Ch tritt quasi in die Fußstapfen der G. Allerdings tätigt Ch durch den Verkauf der Wohnung ein privates Veräußerungsgeschäft. In diesem Fall sind der Ch die Besitzzeiten der G anzurechnen, als wären es ihre eigenen. Gem. § 23 Abs. 1 Satz 3 EStG ist bei einem unentgeltlichen Erwerb dem Einzelrechtsnachfolger die Anschaffung durch den Rechtsvorgänger zuzurechnen. Der Erbfall ist solch ein unentgeltlicher Erwerb. Ch hat quasi den Anschaffungsstichtag und die Anschaffungskosten im Jahr 01 mitgeerbt. Es wird nun so getan, als wäre die Anschaffung durch sie erfolgt. Zwischen Anschaffung in 01 und Veräußerung in 07 liegen sechs Jahre. Damit ist die zehnjährige Behaltensfrist deutlich unterschritten. Es liegt ein privates Veräußerungsgeschäft vor.

Die Ermittlung des Gewinns erfolgt nach § 23 Abs. 3 EStG:

Veräußerungspreis:	EUR 150.000
– Anschaffungskosten:	EUR 120.000
– Veräußerungskosten:	EUR 9.000
= Einkünfte aus privaten Veräußerungsgeschäften:	EUR 21.000

Ch muss Einkünfte gem. § 23 EStG in Höhe von EUR 21.000 versteuern.

Hinweis: *Die gleiche Rechtsfolge würde sich ergeben, wenn anstatt eines Erbfalls eine Schenkung erfolgt wäre. Dies gilt jedoch nur, soweit die Schenkung unentgeltlich erfolgt, siehe § 23 Abs. 1 Satz 3 EStG. Übernimmt der Beschenkte Schulden, z. B. einen auf dem Grundstück lastenden Kredit, liegt eine gemischte Schenkung vor. Die Schenkung wäre dann aufzuteilen in einen entgeltlichen und einen unentgeltlichen Teil.*

Anschaffungsfiktion bei Grundstücksentnahme aus dem Betriebsvermögen

▉ Fall 34

Der Kfz-Meister Manta M will sich altersbedingt zur Ruhe setzen und erklärt die Betriebsaufgabe. Zu seinem Betrieb gehört u.a. ein Grundstück, auf dem sich die Werkstatt befindet. Im Rahmen der Liquidation des Betriebes veräußert er sämtliche Maschinen und Ersatzteilbestände an einen anderen Kfz-Werkstattbetrieb. Das Betriebsgrundstück überführt M in sein Privatvermögen. Der Verkehrswert des Grundstücks beläuft sich zu diesem Zeitpunkt auf EUR 80.000. Das Grundstück soll vorerst nicht verkauft werden, M will es als Sicherheit für die Zukunft zurück behalten. Acht Jahre nach der Betriebsaufgabe entschließt sich M aus gesundheitlichen Gründen, ein Appartement in einem sog. „Betreuten Wohnen-Seniorenheim" zu kaufen. Zur Finanzierung verkauft er das seit 8 Jahren brach liegende ehemalige Werkstattgrundstück für EUR 90.000. Liegt ein privates Veräußerungsgeschäft vor?

Nach § 23 Abs. 1 Satz 2 EStG steht die Entnahme eines Wirtschaftsgutes aus dem Betriebsvermögen einer Anschaffung gleich, mit der Folge, dass eine anschließende Veräußerung innerhalb der Behaltensfrist des § 23 EStG steuerpflichtig ist. Gem. § 23 Abs. 3 Satz 3 EStG ist diese Anschaffung mit dem gemeinen Wert zu bewerten.

 Gem. § 9 BewG wird der gemeine Wert durch den Preis bestimmt, der im gewöhnlichen Geschäftsverkehr zu erzielen wäre. Der gemeine Wert repräsentiert den Verkehrswert.

Mit der Betriebsaufgabe entnimmt M aus seinem Betriebsvermögen das Grundstück und überführt es in sein Privatvermögen. Dieser Vorgang ist als Anschaffung zu klassifizieren. Die Betriebsaufgabe tritt an die Stelle der Anschaffung. Da er bereits acht Jahre nach dieser Anschaffung die Immobilie wieder veräußert, hat er Einkünfte aus privaten Veräußerungsgeschäften realisiert. M hat das Grundstück für EUR 90.000 verkauft. Als Anschaffungspreis gilt der gemeine Wert im Zeitpunkt der Betriebsaufgabe, also EUR 80.000. Abschreibungen sind nicht zu berücksichtigen, da das Grundstück in der Zeit zwischen Entnahme und Verkauf nicht unternehmerisch genutzt wurde. M realisiert mithin positive Einkünfte gemäß § 23 EStG in Höhe von EUR 10.000. Er muss die in der Zwischenzeit eingetretene Wertsteigerung der Besteuerung unterwerfen.

Verkauf nach Einlage ins das Betriebsvermögen

▮▮ Fall 35

Tischlermeister T macht sich nach Bestehen der Meisterprüfung im Jahr 03 selbständig und gründet ein Einzelunternehmen. In das Betriebsvermögen bringt er ein in seinem Privatbesitz befindliches unbebautes Grundstück ein, das er als Lagerplatz nutzen möchte. Dieses Grundstück hat er im Jahr 01 für EUR 50.000 erworben. Im Jahr 03 hat das Grundstück bereits einen Verkehrswert von EUR 65.000. Da das Grundstück lt. Bebauungsplan als Bauland ausgewiesen wird, zeigt sein Nachbar großes Interesse an der Immobilie. Im Jahr 07 veräußert T das Grundstück für EUR 100.000 an diesen Nachbarn. Bei welchen Einkunftsarten wird der Gewinn aus diesem Grundstücksgeschäft erfasst?

Wird ein Grundstück in das Betriebsvermögen eingelegt und innerhalb der Zehnjahresfrist seit Anschaffung veräußert, tritt bei der Ermittlung der Einkünfte aus privaten Veräußerungsgeschäften an die Stelle des Veräußerungspreises der Wert, mit dem die Einlage angesetzt wurde (§ 23 Abs. 1 Satz 5 Nr. 1 EStG).

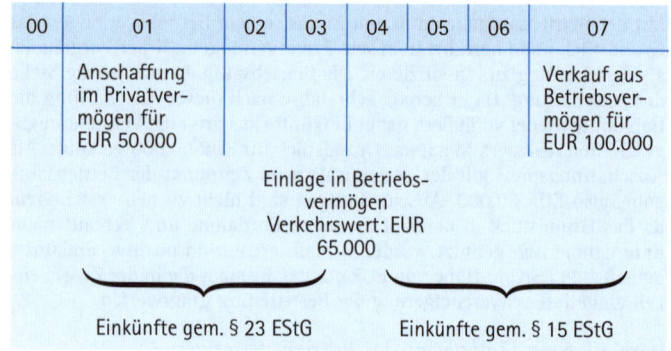

00	01	02	03	04	05	06	07
	Anschaffung im Privatvermögen für EUR 50.000						Verkauf aus Betriebsvermögen für EUR 100.000

Einlage in Betriebsvermögen
Verkehrswert: EUR 65.000

Einkünfte gem. § 23 EStG   Einkünfte gem. § 15 EStG

Unser T aus Fall 35 hat im Jahr 03 ein Grundstück aus seinem Privatvermögen in sein Betriebsvermögen eingelegt. Die Einlage in den Betrieb ist grundsätzlich keine Veräußerung. Aber, wird das Grundstück innerhalb von zehn Jahren nach Anschaffung aus dem Betriebsvermögen veräußert, dann ist die Einlage im Jahr 03 nachträglich als Veräußerung anzusehen. Die Anschaffung des Grundstücks erfolgte im Jahr 01, die Veräußerung im Jahr 07.

Mit der Veräußerung aus dem Betriebsvermögen im Jahr 07 erzielt T zunächst einen betrieblichen Gewinn, der bei den Einkünften aus Gewerbebetrieb zu erfassen ist:

Veräußerungserlös im Jahr 07:	EUR 100.000
Einlagewert im Jahr 03	EUR 65.000
Einkünfte § 15 EStG:	EUR 35.000

Darüber hinaus muss er aber noch gem. § 23 Abs. 1 Satz 5 Nr. 1 EStG einen privaten Veräußerungsgewinn versteuern, weil im Jahr der Veräußerung 07 die zehnjährige Haltedauer ab Anschaffung im Jahr 01 noch nicht verstrichen ist. Der tatsächliche Verkaufsvorgang strahlt jetzt zurück auf den Einbringungsakt. Die Einlage im Jahr 03 gilt als Veräußerung aus dem Privatvermögen. Der Gewinn ermittelt sich gem. § 23 Abs. 3 Satz 2 EStG wie folgt:

Einlagewert im Jahr 03:   EUR   65.000
Anschaffungskosten im Jahr 01: EUR   50.000
Einkünfte § 23 EStG: EUR   15.000

Der Gesamtgewinn aus diesem Grundstücksgeschäft von EUR 50.000 (EUR 100.000 ./. EUR 50.000) teilt sich folglich auf zwei Einkunftsarten auf; zu EUR 35.000 auf die Einkünfte aus Gewerbebetrieb und zu EUR 15.000 auf die Einkünfte aus privaten Veräußerungsgeschäften. Hierbei sind die § 23er Einkünfte noch das kleinere Übel, denn die § 15er Einkünfte unterliegen zusätzlich noch der Gewerbesteuer.

Verfassungswidrigkeit des § 23 EStG

Die Vorschrift des § 23 EStG ist einer Vielzahl von verfassungsrechtlichen Bedenken ausgesetzt. Wesentlichster Streitpunkt ist die Verlängerung der Spekulationsfrist in jenen Fällen, in denen der Geschäftsvorfall bereits steuerentstrickt war. Die Verlängerung der Haltedauer von zwei auf zehn Jahre hat dazu geführt, dass bei Immobilien, für die die ursprüngliche Spekulationsfrist von zwei Jahren bereits verstrichen war, diese erneut der Gefahr der Besteuerung ausgesetzt waren, wenn sie innerhalb von zehn Jahren nach Erwerb veräußert wurden. Das Gesetz sieht für diese Fälle keine Übergangsregelung vor. Unter dem Blickwinkel des Vertrauensschutzes muss ein Steuerpflichtiger jedoch darauf vertrauen können, dass eine nach altem Recht erreichte Steuerfreiheit andauert. Das Bundesverfassungsgericht hat in dieser Frage noch nicht entschieden.

Lektion 5: Anschaffung bzw. Errichtung eines Gebäudes

Unter dem Begriff Anschaffung ist der Erwerb einer bereits bestehenden Immobilie zu verstehen, während die Herstellung das Errichten eines noch nicht existenten Gebäudes impliziert. Die Begriffe Anschaffungs- und Herstellungskosten sind im EStG nicht definiert. Nach § 5 Abs. 1 EStG sind die handelsrechtlichen Regelungen auch für die steuerliche Bewertung maßgeblich, soweit nicht zwingende steuerrechtliche Vorschriften dem entgegen stehen. Die Bewertung richtet sich nach § 6 Abs. 1 Satz 1 Nr. 1 EStG.

Anschaffung

Die Anschaffungskosten des Erwerbers ermitteln sich nach § 255 Abs. 1 HGB. Die Einkommensteuerrichtlinie verweist in H 6.2 „Anschaffungskosten" EStH auf die handelsrechtliche Definition, damit gilt diese Norm analog für steuerliche Zwecke.

▬▬ Fall 36

Der Erwerber E eines Wohn- und Geschäftshauses hat im Zusammenhang mit dem Kauf folgende Aufwendungen zu tragen:

Kaufpreis	EUR	1.000.000,00
Maklercourtage	EUR	60.000,00
Grunderwerbsteuer	EUR	35.000,00
Säumniszuschläge zur GrESt	EUR	2.000,00
Einholung eines Verkehrswertgutachtens	EUR	25.000,00
Marktübliches Damnum gemäß Darlehensvertrag	EUR	35.000,00
Notar- und Grundbuchkosten	EUR	20.000,00
Abstandzahlungen an den gegenwärtigen Gewerbemieter für die vorzeitige Räumung der Gewerbeeinheit zum Zwecke der Neuvermietung	EUR	10.000,00
Grundsteuer für das Erwerbsjahr ab Übergabe	EUR	3.000,00

Die Grunderwerbsteuer wurde erst zwei Jahre nach dem Abschluss des Kaufvertrages veranlagt. E hatte den Zahlungshinweis im GrESt-Bescheid übersehen und daher die GrESt erst nach Mahnung des Finanzamtes überwiesen. Dieses säumige Verhalten wurde mit der Festsetzung von Säumniszuschlägen bestraft. Wie setzten sich die Anschaffungskosten des E zusammen?

Leitsatz 12

!

Anschaffungskosten

Anschaffungskosten sind gem. § 255 Abs. 1 HGB i.V.m H 6.2 EStH i.V.m. § 9a EStDV:

>   Anschaffungspreis ohne ggf. abziehbare Vorsteuer
> +   Anschaffungsnebenkosten
> ./.   Anschaffungspreisminderungen
> =   Anschaffungskosten

Zu den Anschaffungsnebenkosten zählen beispielsweise:
– Grunderwerbsteuer, Maklerkosten, Verkehrswertgutachten, Vermessungskosten, Notargebühren für Beurkundung des Kaufvertrages, Gebühren Grundbuchamt für die Eigentümerumschreibung.

Anschaffungspreisminderungen sind:
– Rabatte, Boni, Skonti, öffentliche Investitionszuschüsse.

Die Anschaffungskosten im Fall 36 setzen sich aus jenen Positionen zusammen, die E aufwenden musste, um das Grundstück zu erlangen. Das Damnum, das E an die kreditfinanzierende Bank bezahlt hat, zählt nicht zu den Anschaffungskosten der Immobilie. Damna sind Finanzierungskosten, die gem. § 11 Abs. 2 Satz 4 EStG als Werbungskosten abzugsfähig sind, sofern ihre Höhe marktüblich ist. Die Abstandszahlung an den Gewerbemieter war ebenfalls nicht für den Grundstückskauf erforderlich. Sie steht im Zusammenhang mit der späteren Nutzung, nämlich der Vermietung. E verspricht sich durch eine Neuvermietung, höhere Mieterträge zu erzielen. Die Abstandszahlung ist deshalb als Werbungskosten bei den Einkünften aus Vermietung und Verpachtung abzugsfähig. Die Grundsteuer steht ebenfalls nicht in einem Kausalzusammenhang zum Grundstückskauf. Sie ist auch als Werbungskosten zu erfassen.

Die Anschaffungskosten des E ermitteln sich wie folgt:

Kaufpreis	EUR	1.000.000,00
Maklercourtage	EUR	60.000,00
Grunderwerbsteuer	EUR	35.000,00
Säumniszuschläge zur GrESt	EUR	2.000,00

Einholung eines Verkehrswertgutachtens	EUR	25.000,00
Notar- und Grundbuchkosten	EUR	20.000,00
Summe der Anschaffungskosten des E	EUR	1.142.000,00

Die Tatsache, dass die Grunderwerbsteuer erst zwei Jahre nach dem Anschaffungsvorgang festgesetzt wurde, hindert nicht daran, diese auf den Anschaffungszeitpunkt zurück zu beziehen. Die Säumniszuschläge zur GrESt sind gem. BFH-Rechtsprechung als Anschaffungskosten ein-zuordnen.

Nach § 9a EStDV gilt als Anschaffungsjahr das Jahr der Lieferung, während bei Herstellung der Termin der Fertigstellung ausschlag-gebend ist. Auch wenn die Anschaffungsnebenkosten zu einem späteren Zeitpunkt anfallen, wirken sie auf den Anschaffungszeit-punkt zurück.

Fall 37

Drei Jahre nach Erwerb stellt E, der im Fall 36 ein Wohn- und Ge-schäftshaus für EUR 1.142.000 erworben hat, fest, dass – entgegen den Ausführungen im Kaufvertrag – die Dacheindeckung mängelbehaftet ist. Er einigt sich mit dem Verkäufer auf eine Kaufpreisreduzierung von EUR 100.000. Wie wirkt sich diese nachträgliche Preisänderung auf die Anschaffungskosten aus?

Nachträgliche Kaufpreisänderungen sind nicht auf den Anschaffungs-zeitpunkt zurück zu beziehen. Eine nachträgliche Reduzierung der Anschaffungskosten führt erst in dem Zeitpunkt zu einer Anschaffungs-kostenminderung, in dem die Minderung eingetreten ist.

Im Fall 37 wurden die Anschaffungskosten auf den Anschaffungszeit-punkt verbindlich bestimmt. Die Kaufpreisminderung im Jahre 03 nach der Anschaffung bewirkt somit erst im Jahr des Eintritts der Reduzierung eine Anpassung der Anschaffungskosten.

Leitsatz 13

Nachträgliche Änderung der Anschaffungskosten

Eine nachträgliche Erhöhung oder Minderung von Anschaffungskosten ist nicht auf den Zeitpunkt der Anschaffung zurück zu beziehen. An den final ermittelten Anschaffungskosten zum Anschaffungszeitpunkt ändert sich nichts mehr. Änderungen wirken sich erst in dem Zeitpunkt aus, in dem sie eingetreten sind.

Herstellung

 **Fall 38**

Bauherr B erwirbt ein Grundstück mit einem aufstehenden Altgebäude. Von dem Kaufpreis entfallen EUR 50.000 auf das Altgebäude. Er beauftragt einen Generalunternehmer (GU) mit dem Abriss des Altgebäudes und der Errichtung eines Wohn- und Geschäftshauses. Der GU berechnet für die Abrisstätigkeiten EUR 9.000, die Errichtung des Neubaus kostet EUR 300.000. Zusätzlich muss E eine Stellplatzablöse von EUR 25.000 an die Gemeinde errichten, um sich von der Verpflichtung, neue Stellplätze zu errichten, zu befreien. Weiterhin zahlt er an den letzten Mieter im Erdgeschoss, der dort eine Werkstatt betrieb, eine sog. Umsetzungsgebühr i.H.v. EUR 5.000. Damit sollen die Kosten, die dem Gewerbemieter durch den „erzwungenen" Umzug aufgebürdet wurden, gemildert werden. Wie hoch sind die Herstellungskosten des Gebäudes?

Wer ein Gebäude errichtet, muss es mit den Herstellungskosten bewerten. Herstellungskosten sind all jene Aufwendungen, die mit der Herstellung eines neuen Gebäudes im engen wirtschaftlichen Zusammenhang stehen. In R 6.3 EStR sind die Bestandteile der Herstellungskosten dargestellt. Vergleichen Sie bei Ihrer Lektüre diese Richtlinie mit § 255 Abs. 2 HGB. Die Definitionen sind nahezu identisch. Bezogen auf die Herstellung eines Gebäudes lässt sich vereinfacht feststellen, dass alle Aufwendungen von der Stellung des Bauantrages bis zum letzten Farbanstrich Herstellungskosten begründen.

Leitsatz 14

Herstellungskosten

Herstellungskosten sind alle Aufwendungen, die durch den Verbrauch von Gütern und durch Inanspruchnahme von Dienstleistungen für die Herstellung eines Gebäudes aufgewendet werden.

Für die Ermittlung der Herstellungskosten im Fall 38 werden nachstehend die einzelnen Aufwandspositionen untersucht. Das Grundstück mit dem Altgebäude wurde von E bereits mit der Absicht erworben, das aufstehende Gebäude abzureissen. Erwirbt ein Steuerpflichtiger ein Gebäude mit Abbruchabsicht und war das Gebäude noch nicht technisch oder wirtschaftlich verbraucht, dann gehören sein Buchwert und die Abbruchkosten zu den Herstellungskosten des neuen Wirtschaftsgutes (H 6.4 „Abbruchkosten" EStH). Die Aufwendungen für die Ablösung der Verpflichtung zur Errichtung von Stellplätzen ist lt. BFH-Rechtsprechung den Herstellungskosten zugehörig (H 6.4 „Stellplätze" EStH). Die Zahlung an den Gewerbemieter erfolgte im Zusammenhang mit der beabsichtigten Bautätigkeit. Abstandszahlungen des Eigentümers für die Freimachung eines Baugeländes sind danach Herstellungskosten, denn der Auszug des Mieters ermöglicht dem E den Abriss des Altbaus und steht damit im sachlichen Zusammenhang mit den Herstellungsarbeiten.

Buchwert abgerissenes Altgebäude	EUR	50.000
Abbruchkosten	EUR	9.000
Errichtung Neubau	EUR	300.000
Stellplatzablöse	EUR	25.000
Umsetzungsgebühr	EUR	5.000
Die Herstellungskosten betragen mithin	EUR	389.000

Der handelsrechtliche Anschaffungs- und Herstellungskostenbegriff des § 255 HGB ist auch für die Ermittlung der Anschaffungs- und Herstellungskosten bei Steuerpflichtigen anwendbar, die Einkünfte aus Vermietung und Verpachtung erzielen.

Erhaltungs- und Modernisierungsaufwand

 **Fall 39**

Käufer K erwirbt im Jahr 01 ein vermietetes Altgebäude. Der Kaufpreis ohne Grund und Boden beläuft sich auf EUR 1.000.000. In den Jahren 02 und 03 lässt er das Gebäude für EUR 200.000 modernisieren. Wie sind diese Modernisierungskosten zu behandeln?

Nach § 6 Abs. 1 Nr. 1a EStG gilt im Fall des sog. anschaffungsnahen Aufwandes folgendes: Übersteigen die Modernisierungsaufwendungen in den ersten drei Jahren nach Erwerb 15 % der Gebäudeanschaffungskosten, dann gehören diese Aufwendungen zu den Herstellungskosten.

Leitsatz 15

Anschaffungsnaher Aufwand

Instandsetzungs- und Modernisierungsaufwendungen sind zwingend als Herstellungskosten zu werten, wenn:

- innerhalb von drei Jahren nach Anschaffung (Datum des Nutzen-Lastenübergang)
- die Nettoaufwendungen (also ohne Umsatzsteuer) 15 % der Anschaffungskosten des Gebäudes überschreiten (sog. Nichtaufgriffsgrenze).
- Nicht eingerechnet werden Erhaltungsarbeiten, die üblicherweise jährlich anfallen, wie z. B. Schönheitsreparaturen und Wartungsarbeiten.
- Hat die Baumaßnahme zu einer Erweiterung (Aufstockung, Anbau) geführt, dann liegen auch bei Unterschreiten der 15%-Grenze Herstellungskosten vor.

K hat im Fall 39 innerhalb von drei Jahren nach der Anschaffung EUR 200.000 für Erhaltungsarbeiten aufgewendet. Dies entspricht 20 % der Anschaffungskosten. Damit ist die Nichtaufgriffsgrenze von 15 % überschritten, die Aufwendungen werden als Herstellungskosten aktiviert.

 **Fall 40**

Käufer K erwirbt im Jahr 01 ein leerstehendes Gebäude mit drei Wohnungen. Der Kaufpreis beträgt EUR 500.000. In den Jahren 01 bis 03 tätigt er Aufwendungen i.H.v. EUR 50.000 für laufende Reparaturen,

Tapezierarbeiten, Fliesenerneuerung und den Austausch der Rollläden. Wie sind diese Aufwendungen zu bewerten?

Anschaffungsnaher Aufwand gem. § 6 Abs. 1 Nr. 1a EStG liegt offensichtlich nicht vor, da die Nichtaufgriffsgrenze von 15 % nicht überschritten ist. K hat innerhalb der drei Jahre nach Anschaffung lediglich 10 % der Anschaffungskosten aufgewendet.

In einem zweiten Prüfschritt ist das BMF-Schreiben vom 18.07.2003 mit dem Titel „Abgrenzung von Anschaffungskosten, Herstellungskosten und Erhaltungsaufwendungen bei der Instandsetzung und Modernisierung von Gebäuden" heran zu ziehen. Danach können Anschaffungskosten vorliegen, wenn die Aufwendungen dazu dienen, die erstmalige Betriebsbereitschaft zu gewährleisten. Ein Gebäude ist betriebsbereit, wenn es seiner Zweckbestimmung dient. Die Betriebsbereitschaft ist grundsätzlich gegeben, wenn ein zur Vermietung bestimmtes Gebäude ab Ankauf zu Vermietungszwecken genutzt wird.

Einem leerstehenden Gebäude sieht man jedoch nicht an, ob es betriebsbereit ist. Hier sind weitere Prüfschritte erforderlich. Ist das Gebäude für Vermietungszwecke nicht nutzbar, dann ist es objektiv funktionsuntüchtig, z. B. wenn das Gemäuer vom Schwamm befallen ist. In diesem Fall führen die Baumaßnahmen zu Anschaffungskosten. Weiterhin kann ein Gebäude zwar objektiv vermietbar sein, aus Sicht des Vermieters jedoch subjektiv nicht für seine Zweckbestimmung geeignet sein. Eine ehemalige Kaserne der russischen Streitkräfte, die objektiv funktionstüchtig ist, muss, wenn sie für Wohnzwecke umgebaut werden soll, entsprechend dieser Zweckbestimmung angepasst werden. Die Aufwendungen für Baumaßnahmen, die zu dieser Zweckerreichung erforderlich sind, führen zu Anschaffungskosten.

Zur Zweckbestimmung gehört auch die Entscheidung, in welchem Wohnstandard ein Gebäude zur Vermietung angeboten werden soll. Soll der ursprüngliche Zustand im Zeitpunkt der Anschaffung deutlich erhöht werden, dann dienen diese Baumaßnahmen auch dazu, die Betriebsbereitschaft herzustellen. Es gibt Gebäude mit einfachem, mittlerem und gehobenem Wohnstandard. Die Abgrenzungskriterien sind in dem o.g. BMF-Schreiben vom 18.07.2003 dargestellt. Die Betriebsbereitschaft ist nicht gegeben, wenn der Erwerber ein Gebäude mit einfachem Wohnstandard vor Vermietung noch in einen höheren Standard heben will. In diesem Fall ist das Gebäude im Erwerbszeitpunkt nicht betriebsbereit mit der Folge, dass die Kosten als Anschaffungskosten zu qualifizieren sind.

Im Fall 40 hat K ein leerstehendes Gebäude erworben. Um die Betriebsbereitschaft zu prüfen, ist die objektive und subjektive Funktionstüchtigkeit zu beurteilen. Das Gebäude ist objektiv zur Vermietung verwendbar, es liegen keine gegenteiligen Erkenntnisse vor. Die Baumaßnahmen, die K nach Erwerb in Auftrag gibt, stellen lediglich substanzerhaltende Maßnahmen dar. Das Gebäude wurde in dem Standard belassen, in dem es sich bei Ankauf befunden hat. Das Gebäude ist also auch subjektiv funktionstüchtig. Es liegen damit keine Anschaffungskosten vor, da die erstmalige Betriebsbereitschaft schon gegeben war. Im Ergebnis stellen die EUR 50.000 sofort abzugsfähige Werbungskosten für Instandhaltung dar.

> Ist ein Gebäude im Ankaufszeitpunkt objektiv oder subjektiv funktionsuntüchtig, ist es nicht betriebsbereit. Die Kosten für die Herstellung der Betriebsbereitschaft sind in diesem Fall Anschaffungskosten.

▮▮▮ Fall 41

Der Käufer K erwirbt im Jahr 01 ein vermietetes Gebäude mit sechs Wohnungen und einem Ladengeschäft für EUR 300.000. Der Käufer tritt in die Mietverträge ein und startet in den Jahren 05 bis 08 ein Bündel von Baumaßnahmen. Er stellt die Ofenheizung auf eine moderne Etagenheizung um, er erneuert sämtliche Fliesen in Küchen und Bädern, die Sanitärinstallationen werden komplett modernisiert und die Elektroleitungen ersetzt. Hierfür wendet er EUR 150.000 auf. Wie sind diese Baumaßnahmen steuerlich zu beurteilen?

Aufwendungen für die Modernisierung einer Immobilie können Anschaffungskosten, Herstellungskosten oder Erhaltungsaufwand darstellen.

Herstellungskosten können vorliegen bei:

– Herstellung wg. Generalüberholung mit Verlängerung der ND
– Erweiterung (entweder Aufstockung oder Neubau)
– Wesentliche Verbesserung (Erhöhung des Wohnstandards).

Damit eine wesentliche Verbesserung gegeben ist, muss die Baumaßnahme eine Standarderhöhung bewirken. Das Heben in einen höheren
Wohnstandard liegt vor, wenn von den typischen vier gebrauchsbestim-
menden Maßnahmen drei zu einer Gebrauchswerterhöhung führen. Zu
den relevanten Maßnahmen gehören Arbeiten an:

– der Elektroinstallation,
– der Heizungsanlage,
– der Sanitärinstallation und
– den Fenstern.

Sofern an drei von diesen vier Gewerken eine Werterhöhung zu verzeich-
nen ist, wird das Gebäude in einen höheren Wohnstandard versetzt.

Im Fall 41 sind Anschaffungskosten auszuschließen, weil K in die bestehenden Mietverträge eintritt, folglich befindet sich das Gebäude im
Erwerbszeitpunkt in einem betriebsbereiten Zustand. Herstellungskosten
könnten vorliegen, wenn das Gebäude generalüberholt oder erweitert
wurde. Beides ist nicht gegeben. Es verbleibt die Prüfung der wesentlichen
Verbesserung. Damit eine wesentliche Verbesserung gegeben ist, muss die
Maßnahme eine Standarderhöhung bewirken. Nicht immer, wenn drei der
vier Gewerke angesprochen werden, kommt es zu Herstellungskosten. Es
muss der Gebrauchswert dieser mindestens drei Gewerke erhöht werden.
Dann erst führt dieses Bündel zur Gebrauchswerterhöhung des Hauses.
Die Arbeiten, die K beauftragt hat, bewirken lediglich eine Anpassung an
den technischen Fortschritt bzw. an die veränderten Lebensgewohnheiten.
Es handelt sich dabei um substanzerhaltende Maßnahmen. Demzufolge
liegen keine Herstellungskosten sondern Werbungskosten vor.

■ Übersicht 4: Aufwendungen für die Modernisierung einer Immobilie
Aufwendungen an einer Immobilie können sein:
Anschaffungskosten   Herstellungskosten   Erhaltungsaufwand

Während § 6 Abs. 1 Nr. 1a EStG (anschaffungsnaher Aufwand) nur für
die ersten drei Jahre nach Anschaffung Gültigkeit besitzt, regelt das
o.g. BMF-Schreiben vom 18.07.2003 derartige Sachverhalte unabhängig

vom zeitlichen Zusammenhang. In der Praxis bereitet die Abgrenzung oftmals Schwierigkeiten, zumal die im § 6 EStG kodifizierte 15%-Regelung zeitlich nach der Veröffentlichung des BMF-Schreibens beschlossen wurde.

Die in dieser Lektion ermittelten Anschaffungs- bzw. Herstellungskosten bilden das Fundament (die steuerliche Bemessungsgrundlage) für die steuerliche Abschreibung. Wie sich diese ermittelt, ist in Lektion 06 dargestellt.

Lektion 6: Wie werden die Einkünfte ermittelt?

In Lektion 01 haben wir die Voraussetzungen der privaten Vermögensverwaltung verinnerlicht. Bitte rekapitulieren Sie zum Einstieg in die neue Lektion das Erlernte. Einkünfte aus Vermietung und Verpachtung gibt es nämlich nur, wenn das Grundstück Privatvermögen darstellt. Beschränkt sich die Tätigkeit eines Steuerpflichtigen auf die Vermietung (und ggf. auch die Errichtung) einer Immobilie, dann erzielt dieser Einkünfte gem. 21 Abs. 1 Nr. 1 EStG.

Die Einkünfte aus Vermietung und Verpachtung werden als Überschuss der zugeflossenen Einnahmen über die abgeflossenen Werbungskosten (Ausgaben) ermittelt (§ 2 Abs. 2 Nr. 2 EStG i.V.m. § 2 Abs. 1 Nr. 6 EStG). Die Einnahmen-Überschussrechnung (EÜR) ist eine reine Zahlungsflussbetrachtung.

Einnahmen

Fall 42

Vermieter V besitzt ein Mietshaus. Er erzielt im Jahr 01 folgende Einnahmen:

a) Nettokaltmiete	EUR	72.000
b) Betriebs- und Heizkostenvorauszahlungen der Mieter	EUR	35.000
c) 19% Umsatzsteuer auf die Gewerbemieten	EUR	3.800
d) Umsatzsteuererstattung vom Finanzamt für das Vorjahr	EUR	200

e) Öffentliche Zuschüsse für Wohnungen
    mit Mietpreisbindung   EUR   36.000
f) Erstattung der Versicherung wg. Sturmschaden   EUR   5.000
g) Mieterkaution   EUR   3.000
h) Verzugszinsen für die verspätete Zahlung
    einer Miete   EUR   120
i) Abstandszahlung eines Mieters für die vorzeitige
    Entlassung aus dem Mietverhältnis   EUR   1.000
j) Zinserträge auf dem Hauskonto   EUR   600
k) Ein Mieter zahlt im Dezember 01 bereits die
    Miete für das erste Quartal 02 voraus   EUR   3.000

In welcher Höhe muss V in seiner Steuererklärung Einnahmen aus VuV für das Jahr 01 angeben?

Einnahmen sind gem. § 8 Abs. 1 EStG alle Güter in Geld oder Geldeswert, die dem Steuerpflichtigen im Rahmen einer der Einkunftsarten des § 2 Abs. 1 Nr. 4 bis 7 EStG zufließen. Zu den Einnahmen aus VuV gehören nicht nur die für die Überlassung des Mietgegenstandes gezahlten Miet- und Pachtzinsen, sondern auch alle sonstigen Entgelte, die in einem objektiven wirtschaftlichen oder tatsächlichen Zusammenhang mit der Einkunftsart stehen und damit durch sie veranlasst sind.

a) Die Nettokaltmiete repräsentiert den Mietzins für die Überlassung einer Wohnung. Sie zählt zu den typischen Einnahmen aus VuV.
b) Umlagen und Nebenentgelte, die der Vermieter zusätzlich zur Nettokaltmiete erhebt, gehören zu den Einnahmen aus VuV (BFH-Rechtsprechung), denn sie sind durch das Mietverhältnis veranlasst. Sie gehören auch nicht zu den durchlaufenden Posten, denn sie werden vom Vermieter nicht im Namen und für Rechnung des Mieters vereinnahmt und verauslagt.
c) und
d) Umsatzsteuerzahlungen sind bei der EÜR stur nach dem Zahlungsfluss zu berücksichtigen, d.h. zugeflossene Umsatzsteuer aus steuerpflichtigen Umsätzen oder aus Erstattungen vom Finanzamt sind als Einnahmen zu erfassen, während verausgabte Vorsteuer und Umsatzsteuerzahlungen an das Finanzamt spiegelbildlich als Werbungskosten zu verbuchen sind. Letztendlich ist die Umsatzsteuer in der Ergebnisbetrachtung genauso neutral, wie bei der Bilanzierung, nur eben zeitversetzt.

e) V erhält von einer öffentlichen Kasse Zuschüsse, da er sich bereit erklärt hat, bestimmte Wohnungen unter Sozialbindungsaspekten günstiger zu vermieten. Er ist beauflagt, diese Wohnungen nur an einen bestimmten Personenkreis zu vermieten. Die Zuschüsse dienen dazu, den wirtschaftlichen Schaden aus der Mindermiete auszugleichen, sie ersetzen quasi einen Teil der Miete. Daher ist dieser Zuschuss den Einnahmen aus VuV zuzurechnen.

f) Schadensersatzleistungen einer Versicherung, mit denen Werbungskosten abgegolten werden sollen, zählen zu den Einnahmen. Vorliegend hat der Vermieter Instandhaltungsaufwendungen beglichen, um einen Sturmschaden am Haus reparieren zu lassen. Dieser Betrag wurde ihm nun von der Versicherung erstattet.

g) Kautionen sind regelmäßig Fremdgelder, die dem Vermieter nicht gehören. Ebenso sind die auf dem Kautionskonto erzielten Zinsen dem Mieter zuzurechnen. Die Kaution ist deshalb keine Einnahme. Tritt aber der Kautionsfall ein, dass die Kaution durch den Vermieter verwertet wird, z. B. für ausstehende Mietforderungen, dann wird die Kaution zur Einnahme.

h) Verzugszinsen wg. verspäteter Mietzahlung zählen zu den Einnahmen aus VuV, denn sie resultieren aus dem Mietverhältnis.

i) Abstandszahlungen des Mieters für die vorzeitige Entlassung aus dem Mietverhältnis sind wirtschaftlich wie Ersatz für entgangene Miete zu beurteilen. Entsprechend sind sie auch wie Mieteinnahmen zu behandeln.

j) Zinsen gehören formal zu den Einkünften aus Kapitalvermögen gem. § 20 EStG. Jedoch legt § 20 Abs. 3 EStG fest, dass andere Einkunftsarten Vorrang haben, wenn ein entsprechender wirtschaftlicher Zusammenhang besteht. Die Zinserträge auf dem Hauskonto resultieren aus dem positiven Bankbestand infolge der Mietereinzahlungen. Die Kausalität zu § 21 EStG ist gegeben. Damit verdrängt § 21 EStG die Einkunftsart Kapitalvermögen und die Zinsen sind bei den Einnahmen aus VuV zu erfassen.

k) Nach § 11 EStG sind Einnahmen im Zuflusszeitpunkt bezogen. Damit gelten vorab zugeflossene Mieteinnahmen, die wirtschaftlich ins Folgejahr gehören, trotzdem im Zuflussjahr zu den Einnahmen.

In der Summe muss V Einnahmen von EUR 156.720 deklarieren, lediglich die vereinnahmte Kaution ist nicht zu erfassen.

Erbbauzinsen

■■■ Fall 43

Bauer B verfügt über einige Hektar Land. Die landwirtschaftliche Nutzung ist mühselig und wenig Ertrag einbringend, deshalb gibt B seinen land- und forstwirtschaftlichen Betrieb auf und widmet sich nun der Verwaltung seines Vermögens. Er teilt die Flächen in Parzellen auf und schließt Erbbaurechtsverträge mit den Nutzern. Diese zahlen ihm für die jährliche Nutzung EUR 50.000. Muss B diese Einnahmen versteuern?

Leitsatz 16

Erbbauzinsen

Der Erbbauzins für ein Erbbaurecht an einem privaten Grundstück gehört zu den Einnahmen aus VuV gem. § 21 Abs. 1 Satz 1 Nr. 1 EStG.

Die Vorschrift des § 21 EStG erfasst nicht nur Einkünfte aus Miet- und Pachtverträgen, sondern darüber hinaus alle Einkünfte aus der zeitlich begrenzten entgeltlichen Überlassung unbeweglichen Vermögens zum Gebrauch oder zur Nutzung. Das Erbbaurecht begründet für den Berechtigten das Recht, auf oder unter der Oberfläche des Grundstücks ein Bauwerk zu errichten. Nach Ablauf der vereinbarten Dauer des Erbbaurechts fallen Grund und Boden und Gebäude an den Eigentümer zurück. Der Erbbauzins ist das Entgelt für die Einräumung dieses zeitlich befristeten Nutzungsrechts am Grund und Boden. Die EUR 50.000, die die Erbbauberechtigten im Fall 43 jährlich an B zahlen, sind von diesem bei den Einnahmen aus VuV zu versteuern.

Werbungskosten

■■■ Fall 44

Vermieter V aus Fall 42 hat nicht nur Einnahmen erzielt, ihm sind auch Aufwände erwachsen. Er fragt sich nun, was er davon als Werbungskosten ansetzen darf. Folgende Geschäftsvorfälle haben sich im Jahr 01 ereignet.

a) Darlehenszinsen	EUR	10.000
b) Darlehenstilgung	EUR	7.000

c) Grundbuchkosten für die Eintragung der Hypothek	EUR	800
d) Notarkosten für die Eintragung der Hypothek	EUR	700
e) Hausversicherung gegen Sturm, Hochwasser und Feuer	EUR	2.500
f) Hausverwalterhonorar	EUR	7.000
g) diverse Betriebs- und Heizkosten	EUR	32.000
h) kleinere Instandhaltungs- und Reparaturaufwendungen	EUR	5.000
i) Umsatzsteuervorauszahlungen	EUR	850
j) Abstandszahlung an Mieter für vorzeitige Wohnungsräumung wg. Eigenbedarfs	EUR	5.000
k) Anwaltskosten wg. Mietstreitigkeiten	EUR	2.500
l) Maklerprovision für die Vermittlung von Mietern	EUR	9.000
m) Erstattung von Betriebskosten entsprechend der Nebenkostenabrechnung für das Vorjahr	EUR	7.000
n) Austausch defekter Fenster in einer Mieterwohnung	EUR	4.000
o) Gebäudeabschreibungen	EUR	16.000

Von der Wohnfläche standen 15% ganzjährig leer. Wie hoch sind die Werbungskosten des V?

Werbungskosten sind gem. § 9 Abs. 1 EStG alle Aufwendungen zur Erwerbung, Sicherung und Erhaltung der Einnahmen. Bei den Einkünften aus VuV sind Werbungskosten grundsätzlich alle durch diese Einkunftsart veranlassten Aufwendungen. Eine derartige Veranlassung liegt vor, wenn ein wirtschaftlicher Zusammenhang mit der auf VuV gerichteten Tätigkeit besteht und die Aufwendungen zur Förderung der Nutzungsüberlassung gemacht werden.

Die Lösung im Fall 44 baut sich wie folgt auf:

a) Darlehenszinsen sind als Finanzierungskosten bei den Einkünften aus VuV abzugsfähig.

b) Die im Jahr 01 erbrachten Tilgungsleistungen sind steuerlich neutral. Sowohl die Aufnahme eines Darlehens als auch die Rückführung stellen keine Einnahmen bzw. Werbungskosten dar, da es sich hierbei um Vermögensumschichtung handelt.

c) und

d) Die Kosten für die Eintragung der Hypothek sind keine Anschaffungskosten des Grundstücks sondern **Finanzierungsnebenkosten,** denn sie dienen der Besicherung des Kredites.

e) und

f) und

g) und

h) Bei diesen Positionen handelt es sich um typische Werbungskosten im Vermietungsbereich. Die Tatsache, dass die Hausversicherung sowie die diversen Betriebs- und Heizkosten auf den Mieter umlagefähig sind, hindern nicht den Werbungskostenabzug.

i) An das Finanzamt bezahlte Umsatzsteuervorauszahlungen sind im Abflusszeitpunkt als Werbungskosten zu berücksichtigen. Gleiches gilt für die abzugsfähige Vorsteuer.

j) **Abstandszahlungen** für die Räumung einer Mieterwohnung sind **grundsätzlich** als **Werbungskosten** abzugsfähig. Erfolgt diese Zahlung jedoch, weil der Eigentümer die Wohnung anschließend selbst zu nutzen beabsichtigt, dann ist der Werbungskostenabzug zu versagen, denn mit der Entschädigungszahlung soll die Einkunftserzielung aus der Vermietung dieser Wohnung beendet werden. Die Zahlung dient nicht mehr dem Erhalt oder der Sicherung der Einnahmen, wie es die Werbungskostendefinition des § 9 EStG fordert. Die Kosten sind durch die private Lebensführung veranlasst, denn V löst den Mietvertrag, um die Wohnung selbst nutzen zu können.

k) Bei **Anwaltskosten** ist regelmäßig zu prüfen, in welcher Angelegenheit der Anwalt tätig wurde. Hier hat er den V bei der Durchsetzung seiner Ansprüche aus einem Mietverhältnis vertreten. Demzufolge sind die Anwalts- und ggf. auch angefallenen Gerichtskosten als Werbungskosten abzugsfähig.

l) **Maklergebühren** für die Vermittlung von Mietern sind ebenfalls typische Werbungskosten in der Immobilienwirtschaft, denn durch die Zwischenschaltung des Maklers wird die Einnahmeseite gestärkt.

m) Die Erstattung von **überzahlten Nebenkostenvorauszahlungen** ist aufwandswirksam zu behandeln, denn die überhöhten Einzahlungen durch die Mieter im Vorjahr sind bereits in den Einnahmen berücksichtigt.

n) Der Austausch der defekten Fenster stellt eine klassische **Instandhaltungsmaßnahme** dar. Hier wird nichts Neues geschaffen sondern Fenster werden durch Fenster ersetzt.

o) Der Werteverzehr für das Gebäude wirkt sich über die Nutzungsdauer in Form von Abschreibungen aus. Diese sind – obwohl sie nicht fließen – ebenfalls als Werbungskosten zu berücksichtigen.

Dass 15 % der Wohnfläche im Jahr 01 nicht vermietet waren, hat keine Auswirkungen auf die Höhe der Werbungskosten. V hat zwar keine Einnahmen aus diesen Leerstandsflächen erzielt, ihm sind aber Kosten erwachsen, wie z. B. Grundsteuer, Hausbeleuchtung, Straßenreinigung, Heizung usw. Allerdings wird V, wenn er die für Eigenbedarfszwecke leergezogene Wohnung eines Tages selbst bezieht, die auf diese Wohnung entfallenden Kosten aussondern müssen, denn diese sind dann privat veranlasst. Für das Jahr 01 belaufen sich die Werbungskosten im Fall 44 schlussendlich auf EUR 97.350. Lediglich die Abstandszahlung und der auf die Tilgung entfallende Anteil der Darlehensannuität sind nicht berücksichtigungsfähig.

Einnahmen–Überschussrechnung

▆ Fall 45
Wie hoch sind die Einkünfte des V?

Leitsatz 17

Einnahmen–Überschussrechnung

          Einnahmen
    ./. Werbungskosten
    =   Überschuss oder Verlust

Die Einkünfte aus VuV werden im Wege der Einnahmen-Überschussrechnung ermittelt.

Einnahmen aus Fall 42	EUR	156.720
Werbungskosten aus Fall 44	EUR	97.350
Überschuss der Einnahmen über die Werbungskosten	EUR	59.370

V muss für das Jahr 01 Einkünfte aus VuV i.H.v. EUR 59.370 versteuern.

Abschreibungen

Ein wesentlicher Bestandteil der Werbungskosten sind die Abschreibungen. Anschaffungs- und Herstellungskosten wirken sich nicht bei Zahlung aus, sondern erst über den Wertverzehr während der Nutzungsdauer.

Lineare Absetzungen für Abnutzung (AfA) gem. § 7 Abs. 4 EStG

▇▇▇ Fall 46

Vermieter V erwirbt im Jahr 01 ein Altgebäude, dessen Baujahr mit 1905 angegeben wird. Der Nutzen-Lasten-Wechsel ist am 01. April 01. Von dem Kaufpreis entfallen EUR 1.000.000 auf das Gebäude. Wie hoch ist die AfA?

Gebäudeabschreibungen sind im § 7 Abs. 4 EStG geregelt. Den Absatz 5, der die sog. degressive AfA regelt, kann man gedanklich durchstreichen, denn dieser gilt nur noch für Altfälle. § 7 Abs. 4 EStG enthält zwei Prozentsätze, 2 % und 2,5 %. Die Anwendung richtet sich nach dem Datum der Gebäudefertigstellung. Gebäude, die vor dem 01.01.1925 fertig gestellt worden sind, werden linear mit 2,5 % jährlich gem. § 7 Abs. 4 Satz 1 Nr. 2b EStG abgeschrieben. Für den Grund und Boden können keine Absetzungen für Abnutzung vorgenommen werden, denn Grund und Boden verliert üblicherweise nicht an Wert.

Die jährliche AfA für das Gebäude im Fall 46 ermittelt sich wie folgt:

EUR 1.000.000 x 2,5 % = EUR 25.000. V kann über 40 Jahre jeweils EUR 25.000 AfA geltend machen. Dieser Abschreibungsbetrag ist konstant. Erst dann hat sich der Anschaffungspreis von EUR 1.000.000 steuerlich vollumfänglich ausgewirkt. Allerdings besitzt V die Immobilie erst ab 01.04.01. Die AfA kann ab dem Zeitpunkt des Nutzen-Lastenübergangs geltend gemacht werden. Das hat für das Erstjahr zur Konsequenz, dass der Anspruch auf Abschreibung nur zeitanteilig zulässig ist. Man nennt das pro-rata-temporis (p.r.t.). Von den 12 Monaten des Jahres 01 hat V das Gebäude 9 Monate zu Vermietungszwecken verwendet. Daher steht ihm die Jahres-AfA von EUR 25.000 nur p.r.t. zu, nämlich zu 9/12 = EUR 19.750.

Sonderabschreibungen und Erhöhte Absetzungen

Außer der linearen AfA gibt es noch Sonderabschreibungen und erhöhte Abschreibungen. Sonderabschreibungen sind i.d.R. Subventionsnormen, wie die sensationelle Sonderabschreibung nach dem Fördergebietsgesetz aus den 90er Jahren des vorigen Jahrhunderts oder nach dem noch weiter zurück liegenden Berlinfördergesetz. Sonderabschreibungen werden neben der linearen Abschreibung gewährt, während erhöhte Abschreibungen die lineare AfA ersetzen (siehe § 7a EStG). Aktuell sieht das deutsche Steuerrecht keine Sonderabschreibungen für Gebäude vor. Erhöhte Absetzungen nach § 7h EStG und § 7i EStG gehören im Immobilienbereich zu den letzten Highlights für Steuersparer. Die Vorschriften gelten für Bauherren und Erwerber gleichermaßen.

Erhöhte Absetzungen bei Gebäuden in Sanierungsgebieten gem. § 7h EStG

▆▆ Fall 47

Der Berliner Zigarettenfabrikant Z sitzt wie jedes Jahr zur Besprechung seiner Steuererklärung bei seinem Steuerberater. Die hohe Steuerbelastung, die sich aus der Hochrechnung seines Beraters ergibt, veranlasst ihn zu der Frage, welche Abschreibungsvergünstigungen das deutsche Steuerrecht noch so biete. Daraufhin erzählt ihm sein Steuerberater von den erhöhten Abschreibungen im Sanierungsgebiet. Die Idee gefällt Z. Er informiert sich bei der Senatsverwaltung für Stadtentwicklung Berlin. Der Schwerpunkt der Sanierung liegt neben der privat finanzierten Erneuerung der Gebäude in der Verbesserung der Infrastruktur und der Aufwertung des öffentlichen Raumes durch die Neuanlage öffentlicher Grünflächen. Investoren, die in einem solchen Sanierungsgebiet investieren, sollen dafür mit erhöhten Abschreibungen belohnt werden. Ein Bauprojekt in Berlin-Weissensee im Sanierungsgebiet „Komponistenviertel" hat es ihm besonders angetan. Er entschließt sich zum Abschluss eines Vertrages über den Erwerb einer zu modernisierenden Eigentumswohnung, die er nach Abschluss der Baumaßnahmen vermieten möchte. Der Kaufpreis von EUR 300.000 teilt sich folgendermaßen auf:

Grund und Boden	EUR	15.000
Altgebäude, Baujahr um 1900	EUR	45.000
§ 7h EStG-begünstigte Baukosten	EUR	240.000

Welche Abschreibungsvergünstigungen kann Z in Anspruch nehmen und an welche Voraussetzungen sind diese gekoppelt?

Erste Voraussetzung ist, dass es sich um eine Modernisierungs- und Instandsetzungsmaßnahme im Sinne des § 177 BauGB handelt. Die erhöhte Abschreibung gem. § 7h Abs. 1 EStG beträgt 9 % pro Jahr erstmalig im Jahr der Fertigstellung der modernisierten Wohnung und in den folgenden sieben Jahren. In den darauf folgenden vier Jahren beträgt die Abschreibung 7 % pro Jahr. Im Ergebnis wird der auf die begünstigten Baukosten entfallende Teil des Kaufpreises damit innerhalb von zwölf Jahren zu 100 % abgeschrieben. Anders als bei der linearen AfA nach § 7 Abs. 4 EStG kann die erhöhte Abschreibung schon im Erstjahr bereits in vollem Umfang in Anspruch genommen werden, es erfolgt keine zeitanteilige Aufteilung.

Eine weitere Voraussetzung für die Inanspruchnahme der Sanierungsabschreibung ist, dass mit den Baumaßnahmen erst nach dem rechtswirksamen Abschluss des Kaufvertrages begonnen wird. Außerdem muss die zuständige Gemeindebehörde die Baumaßnahmen nach § 7h Abs. 2 EStG überprüfen und bescheinigen.

Die Behörde prüft, ob

- das Gebäude in einem förmlichen Sanierungsgebiet liegt,
- die durchgeführten Baumaßnahmen solche sind, die nach § 7h EStG begünstigt sind und
- in welcher Höhe Baukosten anzuerkennen sind.

Die zu bescheinigenden Aufwendungen werden anhand der nachgewiesenen Kosten durch Vorlage von Handwerker- und Lieferantenrechnungen nachgewiesen. Die Bescheinigung ist Voraussetzung für die Inanspruchnahme der erhöhten Absetzung gemäß § 7h EStG und unterliegt nicht der Nachprüfung durch die Finanzbehörden. Es handelt sich um einen Grundlagenbescheid, an den die Finanzbehörde im Rahmen des gesetzlich vorgegebenen Umfangs gebunden ist (§ 175 Abs. 1 Satz 1 Nr. 1 AO). Lediglich, wenn offensichtlich ist, dass die Bescheinigung für Maßnahmen erteilt worden ist, bei denen die Voraussetzungen nicht vorliegen, hat die Finanzbehörde ein sog. „Remonstrationsrecht", d.h. sie kann die Gemeindebehörde zur Überprüfung veranlassen sowie um Rücknahme oder Änderung der Bescheinigung bitten (R. 7h Abs. 4 Satz 4 EStR).

Das Grundstück von unserem Z aus Fall 47 liegt in einem förmlichen Sanierungsgebiet und die vorgesehenen Modernisierungs- und Instandsetzungsmaßnahmen sind, soweit sie auf die Altbaueinheiten entfallen, im Wesentlichen begünstigte Baumaßnahmen nach § 7h EStG, sofern die zuständige Behörde die entsprechende Bescheinigung erteilt hat. Der Teil des Kaufpreises, der auf begünstigte Anschaffungskosten entfällt, wird sich innerhalb von 12 Jahren in voller Höhe steuermindernd auswirken. Z kann also 8 Jahre lang 9 % der Baukosten i.H.v. EUR 240.000 = EUR 21.600 und weitere 4 Jahre 7 % = EUR 16.800 abschreiben, sofern er die Wohnung zur Erzielung von Einkünften aus VuV nutzt. Zusätzlich kann Z den Altgebäudeanteil nach § 7 Abs. 4 Satz 1 Nr. 2b EStG mit 2,5 % linear abschreiben = 2,5 % von EUR 45.000 = EUR 1.125. Lediglich der Kaufpreisanteil, der auf den Grund und Boden entfällt, ist nicht abschreibungsfähig.

Erhöhte Absetzungen bei Baudenkmälern nach § 7i EStG

■■■ Fall 48

Nachdem das mit der erhöhten Abschreibung im Sanierungsgebiet so gut geklappt hat, will Z jetzt auch noch in ein Denkmal investieren. In der Hamburger Speicherstadt, die unter Denkmalschutz steht, stehen sanierungsbedürftige Immobilien zum Verkauf. Bevor sich Z entscheidet, möchte er sich über die Abschreibungsmöglichkeiten informieren.

Bei Baumaßnahmen, bei denen die Denkmaleigenschaft erfüllt ist, sind gem. § 7i EStG erhöhte Absetzungen möglich. Die Abschreibungsstaffel für die begünstigten Baukosten ist identisch mit der § 7h EStG-AfA:

1. bis   8. Jahr: 9 % p.a.
9. bis 12. Jahr: 7 % p.a.

Um in den Genuss der erhöhten Abschreibung zu gelangen, muss das Gebäude in der Denkmalliste eingetragen sein. Es sind nur solche Baumaßnahmen begünstigt, die erforderlich sind, um das Denkmal zu erhalten und sinnvoll zu nutzen. Der Erhalt der schützenswerten Substanz des Gebäudes muss auf Dauer gewährleistet sein. Dabei kann das Baudenkmal den zeitgemäßen Nutzungsverhältnissen angepasst werden. Die Maßnahmen müssen jedoch üblich sein. Auch hier ist für die Erlangung der erhöhten Abschreibung eine behördliche Bescheinigung erforderlich. Die Denkmalbehörde bescheinigt sowohl die Denkmalfähigkeit des Gebäudes als auch die Höhe der Baukosten, die zur Erhaltung des Baudenkmals erforderlich waren. Zusätzlich gibt es noch eine Besonderheit – in Abhängigkeit davon, wie umfassend die Denkmaleigenschaft besteht. Handelt es sich bei der zu beurteilenden Immobilie beispielsweise um einen Teil eines Gebäudeensembles, das für sich allein nicht die Voraussetzungen eines Baudenkmals erfüllt, dann sind nur jene Baumaßnahmen begünstigt, die für den Erhalt des äußeren Erscheinungsbildes erforderlich sind. Baumaßnahmen im Inneren eines solchen Gebäudes sind somit nicht begünstigt.

Lektion 7: Sonderfälle

Verbilligte Überlassung einer Wohnung

■■■ Fall 49

Das Ehepaar E besitzt in Hamburg eine hochwertige Eigentumswohnung in guter Innenstadtlage. Als der Sohn S eine Arbeitsstelle in Hamburg aufnimmt, schließen die Eltern mit S einen Mietvertrag. Die Bruttowarmmiete beträgt EUR 800. Ausweislich des Hamburger Mietspiegels sind EUR 1.000 marktüblich. Hat diese Begünstigung des Sohnes steuerliche Auswirkungen?

Nach § 21 Abs. 2 EStG ist zu prüfen, in welchem Verhältnis die vereinbarte Miete zur ortsüblichen Miete steht. Beträgt das Entgelt weniger als 56 % der ortsüblichen Miete, dann ist die Vermietung in einen entgeltlichen und einen unentgeltlichen Anteil aufzuteilen. Dies hat zur Folge, dass von den Werbungskosten auch nur der auf die entgeltliche Vermietung entfallende Prozentsatz abzugsfähig ist. Beträgt die Miete mindestens 75 % der ortsüblichen Marktmiete, dann sind die Werbungskosten in ungekürzter Höhe abzugsfähig. Bei einer Miete zwischen 56 % und 75 % wird die verbilligte Vermietung als Indiz gegen die Einkunftserzielungsabsicht gewertet. Bei negativer Totalüberschussprognose (Sie erinnern sich an Lektion 03?) ist in einen entgeltlichen und unentgeltlichen Teil aufzuteilen, während eine positive Prognose den vollen Werbungskostenabzug nach sich zieht (BFH-Rechtsprechung).

Im Fall 49 zahlt S 80 % der ortsüblichen Miete an seine Eltern. Damit liegt er über der magischen 75 %-Grenze. Obwohl die Eltern aus privaten Gründen auf einen Teil der Einnahmen verzichten, drückt der Finanzminister hier ein Auge zu. Das Mietverhältnis ist steuerlich keinerlei Einschränkungen unterworfen.

Gesonderte und einheitliche Feststellung der Einkünfte einer Grundstücksgesellschaft unter Beachtung des sog. „Zebraerlasses"

■ Fall 50

An einer grundbesitzenden Personengesellschaft in der Rechtsform einer GbR sind 15 natürliche Personen und eine GmbH beteiligt. Die GbR erzielt Einkünfte aus VuV. Die beteiligte GmbH hat einen Anteil am Gesellschaftskapital von 5% inne. Die Einnahmen-Überschussrechnung der GbR weist für das Jahr 01 einen Gewinn von EUR 20.000 aus. Was ist bei Erstellung der Steuererklärung für diese GbR zu beachten?

Personengesellschaften sind selbst keine Steuerrechtssubjekte. Besteuert werden aber die hinter der GbR stehenden Gesellschafter. Das Einkommensteuergesetz schaut wie ein Röntgengerät durch die GbR durch und greift im Besteuerungsverfahren auf die Beteiligten zu. Damit bei dem Gesellschafter auch das richtige auf ihn entfallende anteilige Ergebnis „ankommt", wird ein sog. Feststellungsverfahren zwischengeschaltet. Die GbR gibt eine „Erklärung zur gesonderten und einheitlichen Feststellung der Einkünfte" ab (siehe § 180 AO). Bestandteil dieser Feststellungserklärung ist nicht nur die Ergebnisverteilung, sondern auch die Feststellung der Einkunftsart. Eine rein vermögensverwaltende GbR erzielt Einkünfte aus VuV. Nun ist unsere GbR aber eine sog. Zebragesellschaft.

Eine Zebragesellschaft ist eine vermögensverwaltende Personengesellschaft, an der mindestens ein Gesellschafter beteiligt ist, der seinen Anteil im Betriebsvermögen hält.

Die beteiligte GmbH erzielt ausschließlich gewerbliche Einkünfte, während die natürlichen Personen alle Einkünfte aus VuV realisieren. Gewerbliche Einkünfte werden überwiegend durch Bilanzierung ermittelt, während bei den Überschusseinkunftsarten eine Bilanzierung ausdrücklich unterbleibt. Um dieses Dilemma zu umgehen, hat die Verwaltung per Erlass vom 29.04.1994 eine Vereinfachungsregelung geschaffen. Dieser sog. Zebraerlass („Einkunftsermittlung bei im Betriebsvermögen gehaltenen Beteiligungen an vermögensverwaltenden Personengesellschaften") gestattet, dass bei einer Beteiligung der gewerblichen Gesellschafterin von weniger als 10% das per Einnahme-Überschussrechnung ermittelte VuV-Ergebnis 1:1 zu gewerblichen Einkünften umqualifiziert wird. Damit wird der GmbH ein Gewinn i.H.v. 5% von EUR 20.000 = EUR 1.000 zugewiesen. Würde der GmbH-Anteil 10% oder mehr betragen, dann müsste die GmbH in ihrer Bilanz alle Wirtschaftsgüter der Personengesellschaft anteilig in ihrem eigenen Buchführungswerk bilanzieren. Letztendlich soll jenes Finanzamt verbindlich über die Einkünfte der betrieblich beteiligten Gesellschafterin entscheiden, das für die Besteuerung dieses Gesellschafters zuständig ist.

Nießbrauch

 Fall 51

Vater V überträgt ein vermietetes Mehrfamilienhaus im Wege der Schenkung auf seine Tochter T. Er behält sich jedoch den Nießbrauch an dem Gebäude selbst vor. Wer versteuert die Mieteinnahmen?

 Unter Nießbrauch versteht man das Recht, umfassende Nutzungen aus einem Gegenstand zu ziehen, der einem anderen gehört.

Ein Vorbehaltsnießbrauch liegt vor, wenn der bisherige Eigentümer das Grundstück weggibt und sich selbst den Nießbrauch (also die Nutzungen am Grundstück, die „Einkunftsquelle") vorbehält. V verschenkt zwar das Grundstück, aber eigentlich gibt er nur eine „leere Hülle" weg, denn er behält sich den Nießbrauch – nämlich die wertvollen Erträge – selbst vor. Dem Nießbrauchsberechtigten V sind die Einnahmen aus der Vermietung zuzurechnen. Er kommt auch in den Genuss der Gebäudeabschreibungen, denn V ist nach wie vor Inhaber des Gebäudes.

Instandhaltungsrücklage

 Fall 52

Vermieter V besitzt in einer Wohnungseigentümergemeinschaft eine Eigentumswohnung. Er ist verpflichtet, jeden Monat das sog. Wohngeld zu zahlen. V überweist monatlich an den WEG-Verwalter EUR 300. Darin enthalten sind Beiträge zur Instandhaltungsrücklage in Höhe von EUR 100. Wegen außerplanmäßiger Reparaturarbeiten am Fahrstuhl wird in der WEG-Abrechnung für das Jahr 01 eine anteilige Entnahme aus der

Instandhaltungsrücklage i.H.v. EUR 2.000 ausgewiesen. Welcher Betrag ist nun für Instandhaltung bei der Ermittlung der VuV-Einkünfte als Werbungskosten abzugsfähig?

Die regelmäßigen Einzahlungen der Eigentümer in die Instandhaltungsrücklage sollen dazu dienen, die Gemeinschaft mit einem Kapitalpolster auszustatten, damit für unvorhergesehenen Instandhaltungsbedarf ausreichende finanzielle Mittel bereit stehen. Wird eine ETW verkauft, dann geht üblicherweise auch die auf diese ETW entfallende angesparte Instandhaltungsrücklage auf den Erwerber über.

Als Werbungskosten dürfen daher nur jene Aufwendungen behandelt werden, die der Instandhaltungsrücklage für tatsächlich erbrachte Reparaturleistungen entnommen wurden. Dieser Betrag ist der WEG-Abrechnung zu entnehmen. Es ist also nicht statthaft, den Zuführungsbetrag von EUR 100 in die Einkunftsermittlung einzustellen. Im Fall 52 kommt es sogar durch einen außerplanmäßigen Umstand dazu, dass der Rücklage im Jahr 01 mehr Geld entnommen werden musste, als zugeführt wurde. V wird mit einem Instandhaltungsaufwand i.H.v. EUR 2.000 belastet. Dieser Betrag ist im Jahr 01 als Werbungskosten abzugsfähig.

■ Fall 53

Die Instandhaltungsrücklage aus Fall 52 hat sich über viele Jahre zu einem beträchtlichen Saldo entwickelt. Der WEG-Verwalter hat dieses überwiegend ungenutzte und auf seine Verwendung wartende Kapital festverzinslich angelegt. Die daraus erwachsenen Zinsen teilt er den Eigentümern – aufgeteilt entsprechend ihrer Miteigentumsanteile – mit. Welcher Einkunftsart sind diese Zinsen zugehörig?

Zinsen, die die Beteiligten einer WEG aus der Anlage der Instandhaltungsrücklage erzielen, sind Einnahmen aus Kapitalvermögen (R. 21.2 Abs. 2 EStR). Aus Vereinfachungsgründen verzichtet die Finanzverwaltung auf die Einreichung einer Feststellungserklärung über die erzielten Zinsen und Zinsabschlagsteuern. Die Verwalterabrechnung ersetzt in diesen Fällen das gesonderte und einheitliche Feststellungsverfahren.

Nachträgliche Werbungskosten

■ Fall 54

Vermieter V hat seine fremdfinanzierte Eigentumswohnung jahrelang zur Einkunftserzielung bei den Einkünften aus Vermietung und Verpachtung genutzt. Im Jahr 15 veräußert er die Wohnung für EUR 120.000. Vor fünf Jahren hatte V den für diese ETW aufgenommenen Kredit umgeschuldet und eine Kreditlaufzeit von 10 Jahren vereinbart. Da er mit dem erzielten Verkaufserlös die Restschuld des Kredites ablösen möchte, verhandelt er mit der Bank über eine vorzeitige Vertragsbeendigung. Die Bank erklärt sich grundsätzlich bereit, sie berechnet allerdings eine Vorfälligkeitsentschädigung für die entgangenen Zinseinnahmen i.H.v. EUR 7.000. Ist dieser Betrag als Werbungskosten bei den Einkünften aus VuV abzugsfähig?

Ist die Vorfälligkeitsentschädigung durch eine Grundstücksveräußerung veranlasst, dann ist kein Werbungskostenabzug möglich. Nach Auffassung des BFH steht die Darlehensrückführung und damit die Vorfälligkeitsentschädigung im Zusammenhang mit dem nicht steuerbaren privaten Vermögensbereich. Die Zahlung der Vorfälligkeitsentschädigung wurde durch den Wohnungsverkauf ausgelöst. Sie gehört damit zu den Veräußerungskosten. Da der Verkauf einer Immobilie bei der Einkunftsart VuV steuerfrei ist, sind folglich auch die damit in Zusammenhang stehenden Kosten steuerlich unbeachtlich.

■ Fall 55

Der Fall 54 wird dergestalt abgewandelt, als der für den V traurige Umstand eintritt, dass der Verkaufserlös von EUR 120.000 nicht ausreicht, um die Darlehensschuld abzubauen. Das Darlehen valutiert nach Sondertilgung i.H.v. EUR 120.000 immer noch mit EUR 10.000. Da V dieses Geld nicht aus privater Liquidität beibringen kann, führt er den Kredit in dieser reduzierten Höhe weiter. Sind die daraus erwachsenen Zinsen als nachträgliche Werbungskosten abzugsfähig?

Zum Schuldzinsenabzug nach Beendigung der Vermietung sind eine Vielzahl von BFH-Urteilen ergangen. Für den Fall, dass der Veräußerungserlös nicht zur Tilgung der Schulden ausreicht, erkennt der BFH den nachträglichen Werbungskostenabzug an. Zinsen, die aus jenem Darlehensteil herrühren, der nicht aus dem Verkaufserlös getilgt werden konnte, gelten als durch die frühere Einkunftserzielung veranlasst.

Bauabzugssteuer

■■■ Fall 56

Der Zigarettenfabrikant Z lässt auf seinem Fabrikgelände eine Halle errichten, in der der angelieferte Tabak getrocknet werden soll. Für die Errichtung des Bauwerkes stellt die Bau AG folgende Rechnung:

Netto	EUR 70.000
19% USt	EUR 13.300
Brutto	EUR 83.300

Wieviel muss Z nun überweisen?

Im Jahr 2002 ist die sog. „Bauabzugssteuer" in Kraft getreten (§§ 48ff. EStG). Die Regelung betrifft sowohl Unternehmer, die Bauleistungen in Auftrag geben als auch Unternehmer, die Aufträge über Bauleistungen erhalten. Die Bauabzugssteuer ist keine neue Steuerart. Sie schafft vielmehr eine Form der Quellenbesteuerung mit Anrechnungsmöglichkeit – vergleichbar der Kapitalertragsteuer – bei der der Gewinn aus Bautätigkeit bereits „an der Quelle" – nämlich bei Zahlung der Vergütung – besteuert werden soll. Erklärtes Ziel ist es, Missbräuche durch einzelne unseriöse Unternehmen zu unterbinden.

Leitsatz 18

Grundzüge der Bauabzugssteuer

Ab **01.01.2002** müssen Unternehmer, die **Bauleistungen im Inland in Auftrag geben** oder gegeben haben (**Leistungsempfänger**) bei Zahlung der Vergütung **15%** **des Bruttobetrages einbehalten** und für Rechnung des Unternehmers, der die Bauleistung erbringt (**Leistender**) an das für diesen zuständige Finanzamt **abführen**. Der abgeführte Betrag wird wie eine Quellensteuer auf **Steuerverbindlichkeiten des leistenden Bauunternehmers angerechnet**. Die Bauabzugssteuer muss **nicht einbehalten** werden, wenn dem Leistungsempfänger eine vom Finanzamt des leistenden Bauunternehmers ausgestellte **Freistellungsbescheinigung** vorliegt.

Unser Z hat im Fall 56 eine Bauleistung beauftragt. Was eine Bauleistung ist, ist im Anhang zum BMF-Schreiben vom 27.12.2002 mit dem Titel „Steuerabzug von Vergütungen von im Inland erbrachten Bauleistungen

(§ 48ff. EStG)" tabellarisch dargestellt. Z muss nun 15% von EUR 83.300 = EUR 12.495 an das für die Bau AG zuständige Finanzamt überweisen. Die Zahlung muss innerhalb von 10 Tagen nach Ablauf des Monats, in dem die Gegenleistung erbracht wurde, erfolgen. An die Bau AG überweist Z nur noch 85% von EUR 83.300 = EUR 70.805. Das FA der bauausführenden AG wird den erhaltenen Betrag auf Steuerzahlungsverpflichtungen der AG anrechnen. § 48c EStG regelt die Reihenfolge der Anrechnung. Hätte die Bau AG dem Z eine Freistellungsbescheinigung vorgelegt, hätte Z den Steuerabzug nicht vornehmen müssen und den vollen Bruttobetrag an die Bau AG überwiesen.

Verlustausgleichsbeschränkung

Von der Verlustausgleichsbeschränkung nach § 15b EStG sollte man zumindest mal etwas gehört haben. Die Vorschrift gilt für negative Einkünfte aus Steuerstundungsmodellen (so nennt man heute Steuersparmodelle). Ein solches Modell ist gegeben, wenn die prognostizierten negativen Einkünfte aufgrund modellhafter Gestaltung erzielt werden und diese Verluste mehr als 10% des Eigenkapitals ausmachen. Diese Verluste können nicht mit anderen positiven Einkünften verrechnet werden, sondern nur mit künftigen positiven Einkünften aus derselben Einkunftsquelle. Von § 15b EStG sind alle geschlossenen Fondskonstruktionen, die negative Einkünfte erzielen, betroffen.

REIT-AG

Bei den Sonderfällen sollen zum Schluss die sog. G-REIT nicht unerwähnt bleiben. G-REIT steht für German Real Estate Investment Trust. Dabei handelt es sich um ein Kapitalanlageprodukt in der Rechtsform einer AG, allerdings mit einer Vielzahl von Besonderheiten. Ziel der G-REITs ist es, einem breiten Publikum den Zugang zu einer indirekten Immobilienanlage zu ermöglichen. Wesentliche Merkmale sind:

– Das Vermögen besteht im Wesentlichen aus Immobilien;
– der G-REIT selbst ist von der Ertragsteuer befreit, die Besteuerung erfolgt erst auf Gesellschafterebene;
– mindestens 90% des Jahresüberschusses muss an die Aktionäre ausgeschüttet werden;
– Immobilienhandel in nennenswertem Umfang ist untersagt
– kein Anleger darf 10% oder mehr Anteile halten u.v.m.

Bei Verstoß gegen das REITG entfällt zwar nicht zwangsläufig die Steuerfreiheit, allerdings werden empfindliche Strafzahlungen festgesetzt. Betreibt der G-REIT aber einen beträchtlichen Immobilienhandel und werden noch weitere Eckdaten verletzt, kann das das Ende der Steuerbefreiung bedeuten. Die G-REITs wurden in Deutschland zum 01.01.2007 eingeführt. Inwieweit diese Anlageform nennenswerte Bedeutung erlangen wird, bleibt abzuwarten.

II. Immobilien und Umsatzsteuer

Lektion 8: Anschaffung und Veräußerung

Eine Immobilie durchläuft in der Hand des umsatzsteuerlichen Unternehmers verschiedene steuerlich relevante Phasen. Bereits im Anschaffungszeitpunkt lauern die ersten steuerlichen Hürden.

Verkauf als nicht steuerbare Geschäftsveräußerung

 **Fall 57**

Vermieter (V) ist Eigentümer eines Mietshauses in Berlin. Das Haus enthält sowohl Mietwohnungen als auch Gewerbeeinheiten. Es ist vollständig vermietet. V beabsichtigt, die derzeit steigenden Preise auf dem Immobilienmarkt zu nutzen und das Haus an den irischen Geschäftsmann X zu veräußern, der das Haus ebenfalls zur Erzielung von Vermietungseinkünften verwenden möchte. V möchte wissen, ob eine Veräußerung des Wohn- und Geschäftshauses ohne Belastung mit Umsatzsteuer möglich ist.

Beim Verkauf einer Immobilie kommen für die umsatzsteuerliche Beurteilung zwei Alternativen in Frage. Der Verkauf kann eine steuerbare und steuerfreie Lieferung darstellen oder eine nicht steuerbare Geschäftsveräußerung.

Wird ein Betrieb oder ein Teilbetrieb im Ganzen übereignet und führt der Erwerber diesen Betrieb weiter, dann handelt es sich um eine nicht steuerbare Geschäftsveräußerung nach § 1 Abs. 1a UStG. Die Fortsetzung des Betriebes ist gegeben, wenn der Erwerber die wesentlichen Tätigkeiten des vorherigen Betriebsinhabers unverändert oder in ähnlicher Form weiter führt. Bei einem Vermietungsobjekt ist dies regelmäßig der Fall, wenn der Vermieter die Mietverträge fortsetzt.

Leitsatz 19

Voraussetzungen der nicht steuerbaren Geschäftsveräußerung

– Ein Unternehmen im Ganzen wird übereignet.
– Die wesentlichen Betriebsgrundlagen werden übertragen.
– Der Erwerber setzt den Betrieb fort.

Die Lösung zu Fall 57 stellt sich wie folgt dar:

Das Mietgrundstück bildet das gesamte Unternehmen des V. V veräußert die Immobilie, ohne wesentliche Betriebsgrundlagen zurück zu halten. X tritt als Rechtsnachfolger in die Mietverträge ein, er setzt das Vermietungsgeschäft fort. Vorliegend sind die Voraussetzungen für eine nicht steuerbare Geschäftsveräußerung erfüllt.

So eindeutig wie im Fall 57 liegt der Sachverhalt jedoch nicht immer, wie die nachstehenden Fälle 58 bis 62 zeigen.

▇▇▇ Fall 58

Vermieter V besitzt eine vermietete Immobilie und veräußert diese an Erwerber X. X entmietet das Haus und lässt es abreißen, um anschließend auf dem Grundstück einen Neubau zu errichten.

Es liegt keine Kontinuität in der Betriebsführung vor, denn X kündigt die Mietverhältnisse. Die unternehmerische Betätigung nach dem Erwerb muss im Fall der Geschäftsveräußerung eine gewisse Ähnlichkeit mit der vor Übereignung ausgeübten Tätigkeit haben. Folglich liegt kein Fall des § 1 Abs. 1a UStG vor.

▇▇▇ Fall 59

Vermieter V besitzt eine vermietete Immobilie und veräußert diese an Erwerber X. X kündigt alle Mietverträge und verwendet das Gebäude als Hauptsitz für seine Firmenzentrale.

Die eigenbetriebliche Nutzung des Gebäudes durch X stellt keine Geschäftsveräußerung dar, da das Vermietungsunternehmen des V weder unverändert noch in ähnlicher Form fortgeführt wird.

▇▇▇ Fall 60

Vermieter V besitzt eine vermietete Immobilie (Eigentumswohnung) und veräußert diese an den Mieter M. M nutzt die Wohnung weiterhin zu eigenen Wohnzwecken.

Der Vermietungsbetrieb wird eingestellt, es liegt keine Geschäftsveräußerung vor.

■ Fall 61

Der gewerbliche Grundstückshändler G veräußert eine vermietete Immobilie an den Erwerber X. X setzt die Mietverhältnisse unverändert fort.

Das Grundstück hat für den G den Charakter von Vorratsvermögen (Ware). Damit werden keine wesentlichen Betriebsgrundlagen übertragen. Es liegt keine Geschäftsveräußerung vor.

■ Fall 62

Vermieter V besitzt eine Immobilie, die jedoch trotz ernsthafter Vermietungsbemühungen leer steht. Letztendlich veräußert er die Immobilie an X, der ebenfalls die Absicht hat, das Gebäude zu Vermietungszwecken zu nutzen.

Es liegt eine nicht steuerbare Geschäftsveräußerung gem. § 1 Abs. 1a UStG vor, denn X hegt die Absicht, das Gebäude zu vermieten.

Sind die Voraussetzungen für eine Fortsetzung des Betriebes gegeben, dann ist der Umsatz zwingend nicht steuerbar. Es gibt kein Wahlrecht den Vorgang als Lieferung zu behandeln und damit auch keine Optionsmöglichkeit gem. § 9 UStG.

Der Erwerber tritt bezüglich des Vorsteuerberichtigungszeitraums gem. § 15a Abs. 10 UStG in die Rechtsposition des Verkäufers (Fußstapfentheorie).

Leitsatz 20

!

Rechtsfolgen der nicht steuerbaren Geschäftsveräußerung

Die Geschäftsveräußerung unterliegt nicht der Umsatzsteuer. Der Erwerber übernimmt bei der nicht steuerbaren Geschäftsveräußerung das Risiko der Inanspruchnahme bei Verwendungsänderung gem. § 15a UStG (Mieterwechsel von optionsfähig zu nicht optionsfähig und umgekehrt).

Die nachfolgenden Fälle 63 und 64 gehen auf die Wirkungsweise des § 15a UStG ein. Zum besseren Verständnis der Lösung studieren Sie vorher die diesbezüglichen Ausführungen in Lektion 10.

▬▬ Fall 63

Verkäufer V hat die Immobilie sechs Jahre vor Verkauf an Erwerber X unter Nutzung des Optionsrechts für netto EUR 1.000.000 zzgl. 19 % Umsatzsteuer i.H.v. EUR 190.000 erworben. Das Gebäude war durchgängig zu 100 % an optionsfähige Mieter mit Umsatzsteuer vermietet. X tritt hinsichtlich des Vorsteuerberichtigungszeitraums nach § 15a Abs. 10 UStG in die Fußstapfen des V; er führt den Berichtigungszeitraum bis zum Ablauf der zehn Jahre gem. § 15a Abs. 1 Satz 2 UStG fort.

Zur Verdeutlichung des Sachverhaltes dient die nachfolgende Grafik:

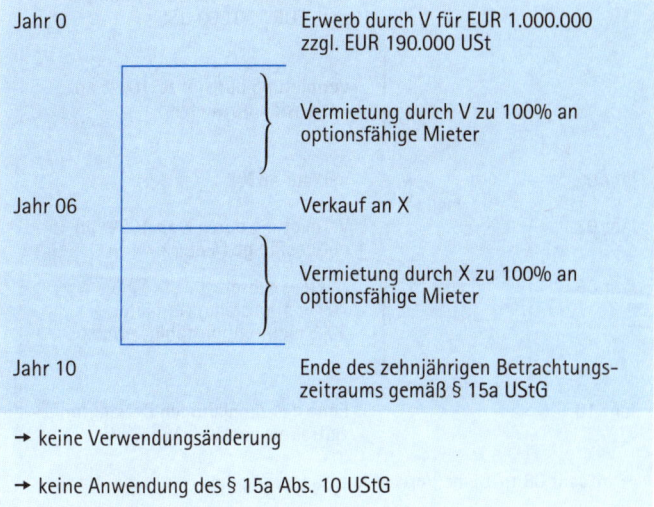

Jahr 0 — Erwerb durch V für EUR 1.000.000 zzgl. EUR 190.000 USt

Vermietung durch V zu 100% an optionsfähige Mieter

Jahr 06 — Verkauf an X

Vermietung durch X zu 100% an optionsfähige Mieter

Jahr 10 — Ende des zehnjährigen Betrachtungszeitraums gemäß § 15a UStG

→ keine Verwendungsänderung

→ keine Anwendung des § 15a Abs. 10 UStG

Als Lösung zu Fall 63 ist festzustellen, dass X das Gebäude in den kommenden vier Jahren unverändert zu 100 % umsatzsteuerpflichtig vermietet. Im Ergebnis kommt § 15a UStG mangels Verwendungsänderung nicht zur Anwendung.

Fall 64

Fall 64 ist genauso gelagert wie Fall 63, jedoch kommt es zu einem Mieterwechsel. X vermietet eine Mietfläche von 30%, die bisher ein optionsfähiger Lebensmittelmarkt steuerpflichtig gemietet hatte, an eine (nicht optionsfähige) Arztpraxis steuerfrei. Der Mieterwechsel erfolgt zu Beginn des Jahres 08.

Wie im vorliegenden Fall wird der Sachverhalt durch eine erläuternde Grafik ergänzt:

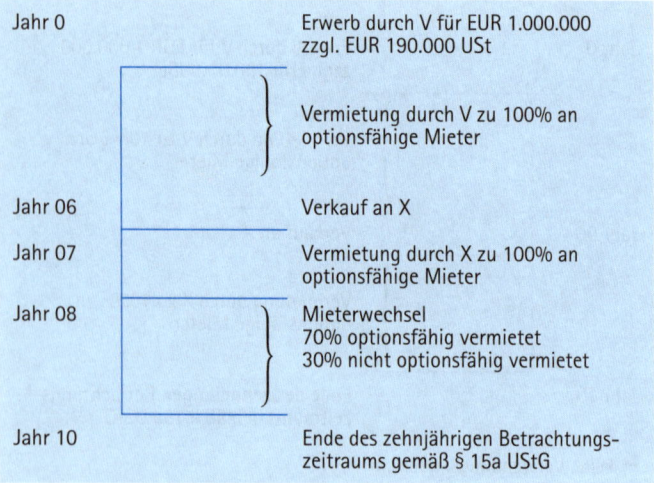

Jahr 0	Erwerb durch V für EUR 1.000.000 zzgl. EUR 190.000 USt
	Vermietung durch V zu 100% an optionsfähige Mieter
Jahr 06	Verkauf an X
Jahr 07	Vermietung durch X zu 100% an optionsfähige Mieter
Jahr 08	Mieterwechsel 70% optionsfähig vermietet 30% nicht optionsfähig vermietet
Jahr 10	Ende des zehnjährigen Betrachtungs- zeitraums gemäß § 15a UStG

→ im Jahr 08 tritt eine Verwendungsänderung ein

→ Anwendung des § 15a Abs. 10 UStG für die letzten drei Jahre 08 bis 10 bezüglich der nicht mehr umsatzsteuerpflichtig vermieteten Einheiten

Kommt es innerhalb des 10-jährigen Betrachtungszeitraumes zu einem Mieterwechsel, der eine Ausübung des Optionsrechts nicht zulässt, so sind für diese steuerfrei vermietete Einheit anteilig 1/10 der Vorsteuern aus Investitionskosten p.a. zurück zu führen.

Die Lösung zu Fall 64 baut sich wie folgt auf:

Es liegt eine Änderung der Verhältnisse gem. § 15a Abs. 2 UStG vor. Von den Vorsteuern aus dem Anschaffungsvorgang i.H.v. EUR 190.000 entfallen auf die neu vermietete Einheit 30% = EUR 57.000. Von diesen EUR 57.000 sind bereits 7/10 verwirkt. V hat diese Einheit sechs Jahre lang mit Umsatzsteuer vermietet, X ein Jahr. Von dem zehnjährigen Berichtungszeitraum sind somit noch drei Jahre offen. Die Vermietung an die Arztpraxis bewirkt, dass für die drei restlichen Jahre je 1/10 der Vorsteuern an das Finanzamt zurück zu führen sind, mithin 1/10 von EUR 57.000 = EUR 5.700 p.a. Somit beläuft sich der Vorsteuerschaden aus dem Mieterwechsel auf EUR 17.100 (drei Jahre à EUR 5.700). Es ist also nicht immer von Vorteil, Ärzte im Haus zu haben.

Hinweis: *Für den Erwerber ist es bei Kauf einer Immobilie innerhalb des zehnjährigen Betrachtungszeitraums unabdingbar, gesicherte Kenntnisse über die Höhe des Vorsteuervolumens, die Laufzeit sowie die tatsächlichen Vermietungsverhältnisse zu erlangen.*

Beim Abschluss des Kaufvertrages lauern nicht zu unterschätzende Gefahren. Hat der Veräußerer trotz der NICHT-Steuerbarkeit der Geschäftsveräußerung im Kaufvertrag Umsatzsteuer ausgewiesen, dann schuldet er auch diesen Betrag gemäß § 14c Abs. 1 Satz 1 UStG. Erkennt der Veräußerer seinen Fehler, dann wird ihm gemäß § 14c Abs. 2 UStG eine Korrektur der Rechnung erschwert, weil sicherzustellen ist, dass sich der Erwerber die Vorsteuer nicht gezogen hat. Der Fiskus will sicherstellen, dass seine Ansprüche nicht untergehen. Grundsätzlich ist ein Vorsteuerabzug von gemäß § 14c UStG unrichtig ausgewiesenen Vorsteuern unzulässig.

Im Ergebnis muss der Verkäufer die Umsatzsteuer abführen, obwohl der Vorgang nicht steuerbar ist. Der Erwerber kann sich aber nicht die Vorsteuern abziehen.

Verkauf als Lieferung

Handelt es sich bei dem Verkauf einer Immobilie nicht um eine nicht steuerbare Geschäftsveräußerung (wie z. B. im Fall 61), dann liegt eine Lieferung nach § 3 Abs. 1 UStG vor. Der Ort der Lieferung bestimmt sich nach § 3 Abs. 7 Satz 1 UStG: Bei der Lieferung von Grundstücken befindet sich der Ort der Lieferung also immer dort, wo das Grundstück liegt.

Mithin liegt gem. § 1 Abs. 1 Nr. 1 UStG ein steuerbarer Umsatz vor. Nunmehr ist zu prüfen, ob dieser Umsatz steuerpflichtig oder steuerfrei ist. Im § 4 UStG ist der Katalog der Steuerbefreiungen bei Lieferungen und sonstigen Leistungen kodifiziert. Gemäß § 4 Nr. 9a UStG sind Umsätze, die unter das Grunderwerbsteuergesetz fallen, steuerfrei.

Der Kauf einer Immobilie unterfällt gem. § 1 Abs. 1 Nr. 1 GrEStG dem Grunderwerbsteuergesetz. Ob dieses Rechtsgeschäft tatsächlich eine Grunderwerbsteuerbelastung auslöst, ist für die Umsatzsteuerbefreiung unerheblich.

Zusammenfassend ist festzustellen, dass der Kauf bzw. Verkauf grundsätzlich keine Umsatzsteuerbelastung hervorruft, da der Erwerb einer Immobilie zwar steuerbar aber steuerfrei ist.

Möglichkeit der Option gem. § 9 UStG

§ 9 Abs. 1 UStG bietet dem Unternehmer jedoch die Möglichkeit, unter bestimmten Voraussetzungen auf die Steuerbefreiung gem. § 4 Nr. 9a UStG zu verzichten, d.h. den Kaufpreis der Umsatzsteuer zu unterwerfen. Voraussetzung ist, dass der Erwerber Unternehmer ist und das Grundstück dem unternehmerischen Vermögen zugeordnet wurde.

Dies ist bei folgenden Fallgestaltungen sinnvoll:

Der Verkäufer hat das Grundstück innerhalb der letzten zehn Jahre erworben oder errichtet und aus den Eingangsrechnungen Vorsteuer gezogen. Ein steuerfreier Verkauf würde eine Verwendungsänderung darstellen. Diese zieht eine Vorsteuerkorrektur gem. § 15a UStG nach sich, denn der Unternehmer ist zehn Jahre nach der Ausübung des Optionsrechtes an seine Entscheidung gebunden. Kommt es vor Ablauf der zehn Jahre zu einer Änderung der Verhältnisse, so muss er anteilig Vorsteuern aus den Investitionskosten zurückführen (siehe hierzu ausführlich Lektion 10).

Will der Unternehmer den wirtschaftlichen Schaden aus der Vorsteuerkorrektur vermeiden, so kommt möglicherweise ein Verzicht auf die Steuerfreiheit beim Objektverkauf in Frage. In der Praxis hängt die Entscheidung von der tatsächlichen Höhe der Eckdaten ab (Vergleich Vorsteuerschaden versus Kaufpreisminderung infolge Umsatzsteuerbelastung).

▰ Fall 65

Der Unternehmer U erwirbt im Jahr 01 eine Immobilie für EUR 1.000.000 zzgl. 190.000 Umsatzsteuer, die er zur Ausführung von steuerpflichtigen Umsätzen verwendet. Durch eine wirtschaftliche Schieflage ist er genötigt, das Grundstück im Jahr 06 zu veräußern. Unglücklicherweise hat sich der Marktpreis zwischenzeitlich verschlechtert. Er verhandelt einen Kaufpreis von EUR 800.000. Soll er zum umsatzsteuerpflichtigen Verkauf optieren, also mit USt verkaufen?

Für die Lösung des Falles 65 sind folgende Rechenschritte erforderlich:

Bei Ausübung der Option würde eine Umsatzsteuer von EUR 152.000 (19 % von 800.000) anfallen. Der Betrag ist mit dem Vorsteuerschaden gem. § 15a UStG zu vergleichen. Dieser ermittelt sich wie folgt:

– das Vorsteuerkorrekturvolumen p.a. beträgt 1/10 von EUR 190.000 = EUR 19.000
– für die Jahre 06 bis 11 ist der Korrekturbetrag zu ermitteln, also für fünf Jahre
– der Vorsteuerschaden durch die Verwendungsänderung (Verkauf) beträgt:
– 5 × EUR 19.000 = EUR 95.000.

Als Lösung ist festzustellen, dass die Ausübung der Option wirtschaftlich nicht sinnvoll ist, weil die Umsatzsteuer i.H.v. EUR 152.000 größer ist, als der Vorsteuerschaden i.H.v. EUR 95.000.

▰ Fall 66

In Abwandlung des Falles 65 wird neben dem Grundstück des U eine Müllverbrennungsanlage errichtet. Der Kaufpreis reduzierte sich infolge dessen dramatisch auf EUR 400.000. Ist jetzt eine Option sinnvoll?

Um sich der Lösung des Falles 66 anzunähern, sind wieder zwei Zahlen zu vergleichen, die Umsatzsteuerbelastung aus dem Kaufpreis und der Vorsteuerschaden. Bei Ausübung der Option würde eine Umsatzsteuer von EUR 76.000 (19 % von 400.000) anfallen. Dieser Betrag liegt unter dem Vorsteuerschaden gem. § 15a UStG i.H.v. EUR 95.000. Hier ist die Ausübung der Option im Gegensatz zu Fall 65 wirtschaftlich günstiger, weil die Umsatzsteuer aus dem Kaufpreis i.H.v. EUR 76.000 geringer ausfällt als der Vorsteuerschaden i.H.v. EUR 95.000.

Aber auch aus Sicht des Käufers kann die Ausübung des Optionsrechtes sinnvoll sein. Beabsichtigt der Erwerber, das Gebäude überwiegend zur Ausführung steuerpflichtiger Umsätze zu verwenden, d.h. Vermietung mit Umsatzsteuer, dann kann der Käufer die Vorsteuer aus dem Kaufpreis geltend machen.

Der Verzicht auf die Steuerbefreiung ist in dem notariell zu beurkundenden Grundstückskaufvertrag zu erklären (§ 9 Abs. 3 Satz 2 UStG). Wird das Grundstück im Wege der Zwangsversteigerung erworben, so ist die Option nur bis zur Aufforderung zur Abgabe des Gebotes im Zwangsversteigerungstermin zulässig (§ 9 Abs. 3 Satz 1 UStG).

Übersicht 5: Verkauf einer Immobilie

nicht steuerbare Geschäftsveräußerung § 1 Abs. 1a UStG	Lieferung § 3 Abs. 1 UStG
Rechtsfolgen:	Rechtsfolgen:
Der Verkauf ist nicht steuerbar.	Der Verkauf ist steuerbar, aber steuerfrei.
Der Erwerber tritt in die Rechtsposition des Veräußerers ein (Fußstapfentheorie).	Es besteht die Möglichkeit der Option nach § 9 UStG.
Es besteht keine Optionsmöglichkeit.	

Leitsatz 21

!

Optionsvoraussetzungen

– Der Erwerber ist Unternehmer und ordnet das erworbene Grundstück seinem Unternehmen zu.
– Der Verkäufer kann die Umsatzsteueroption nur im notariellen Grundstückskaufvertrag ausüben.
– Im Fall einer Zwangsversteigerung ist die Optionsausübung spätestens im Zwangsversteigerungstermin möglich.

Reverse Charge Verfahren – § 13b UStG

Haben sich die Parteien zum Verzicht auf die Steuerbefreiung (Option gem. § 9 UStG) entschieden, so stellt sich die Frage nach der Ausgestaltung des Kaufvertrages.

Ziel ist es, den Erwerber in die Position zu versetzen, dass er in den Genuss des Vorsteuerabzugs kommt.

Für den Vorsteuerabzug benötigt der Käufer eine ordnungsgemäße Rechnung gemäß § 14 UStG. Der notarielle Kaufvertrag gilt in diesem Fall als Rechnung. Üblicherweise muss die Rechnung gem. § 14 Abs. 3 Nr. 8 UStG den Steuerbetrag ausweisen.

Bei Umsätzen, die unter das Grunderwerbsteuergesetz fallen, gibt es jedoch eine Ausnahme. § 13b Abs. 1 Nr. 3 UStG manifestiert das sog. Reverse Charge Verfahren. Bei diesen Umsätzen geht die Steuerschuldnerschaft von dem leistenden Unternehmer (Verkäufer) auf den Grundstückskäufer über, sofern dieser Unternehmer ist. Die Umsatzsteuer wird also wie eine Art Quellensteuer erhoben und vom Käufer an das Finanzamt gezahlt.

Leitsatz 22

!

Reverse Charge Verfahren

– Der Verkäufer darf die Umsatzsteuer nicht mehr in Rechnung stellen und vereinnahmen.

– Der Käufer darf die Umsatzsteuer nicht mehr an den Käufer zahlen; vielmehr muss er sie beim Finanzamt anmelden und abführen.

– Im Kaufvertrag muss gem. § 14a Abs. 5 Satz 2 UStG auf die Steuerschuldnerschaft hingewiesen werden. Weiterhin ist zu beachten, dass im Kaufvertrag nur der Nettokaufpreis anzugeben ist. Die Umsatzsteuer ist nicht gesondert auszuweisen!

Besonderheiten in Bezug auf die Grunderwerbsteuer

In der Vergangenheit wurde die Grunderwerbsteuer zu 50 % in die umsatzsteuerliche Bemessungsgrundlage einbezogen. Dies erfolgte unter dem Aspekt, dass Käufer und Verkäufer die GrESt hälftig zu tragen haben. Tatsächlich ist es in der Praxis aber so, dass der Käufer die Grunderwerbsteuer in voller Höhe trägt. Deshalb gilt als Bemessungsgrundlage künftig nur noch das, was der Erwerber tatsächlich kaufvertraglich schuldet. Die Grunderwerbsteuer beeinflusst die umsatzsteuerliche Bemessungsgrundlage nicht mehr.

Lektion 9: Errichtung bzw. Modernisierung einer Immobilie

Immobilieninvestitionen sind dadurch gekennzeichnet, dass den später eintretenden umsatzsteuerpflichtigen Umsätzen erhebliche vorsteuerbelastete Eingangsrechnungen voraus gehen. Diese Lektion beschäftigt sich mit der Frage, ob der Unternehmer für die bezogenen Leistungen Vorsteuern ziehen kann.

Vorsteueraufteilung bei Errichtung gemisch genutzter Gebäude

▬▬ Fall 67

Unternehmer U erwarb im Jahr 01 ein unbebautes Grundstück. In den Jahren 02 bis 04 ließ er durch einen Generalübernehmer ein Büro- und Geschäftshaus zu dem Festpreis von EUR 5 Mio zzgl. 19 % USt errichten. Nach Baufertigstellung vermietete er die neu geschaffenen Büroeinheiten und Ladengeschäfte an Ärzte, diverse Handelsgeschäfte sowie Anwalts- und Steuerberatungsgesellschaften. Der Anteil der steuerfrei vermieteten Flächen an Arztpraxen entspricht 20 % der Gesamtfläche. Wie ermittelt sich die abzugsfähige Vorsteuer?

§ 15 Abs. 1 Nr. 1 UStG regelt, welche anspruchsbegründenden Merkmale erfüllt sein müssen, damit ein Unternehmer Vorsteuern abziehen kann. Sind diese Merkmale erfüllt, ist in einem zweiten Schritt nach § 15 Abs. 2 UStG zu prüfen, ob der Vorbezug für einen Ausgangsumsatz verwendet wird, der den Vorsteuerabzug ausschließt (abzugsschädliche Verwendung). § 15 Abs. 4 UStG betrifft die sog. Mischumsätze. Ist der Eingangsumsatz teils begünstigten und teils nicht begünstigten Ausgangsumsätzen zuzuordnen, dann muss die Vorsteuer in abziehbare und nicht abziehbare Beträge aufgeteilt werden.

Leitsatz 23

!

Voraussetzungen für den Vorsteuerabzug nach § 15 UStG

Nach § 15 Abs. 1 Nr. 1 Satz 1 UStG müssen die nachstehenden Voraussetzungen nebeneinander erfüllt sein:

Der **Vorsteuerabzugsberechtigte** muss **Unternehmer** im Sinne des § 2 UStG sein.

Auch der **Leistende** muss **Unternehmer** sein.

Es muss eine Lieferung oder sonstige Leistung **für das Unternehmen** des Leistungsempfängers ausgeführt worden sein. (Ausnahme: Die Lieferung eines Gegenstandes, der zu weniger als 10 % für das Unternehmen genutzt wird, gilt als „nicht für das Unternehmen ausgeführt" – vgl. § 15 Abs. 1 Satz 2 UStG).

Die Umsatzsteuer muss in einer **Rechnung** i.S.d. § 14 UStG gesondert ausgewiesen worden sein.

U vermietet nach Baufertigstellung 20 % der Flächen an Ärzte. Diese Umsätze werden als Ausschlussumsätze bezeichnet, denn sie schließen den Vorsteuerabzug aus. U erzielt mit diesen Flächen steuerfreie Umsätze. Erinnern Sie sich? Ärzte erbringen selbst steuerfreie Leistungen, deshalb ist die Vermietung an Ärzte nicht optionsfähig nach § 9 UStG. Wer keine Umsatzsteuer an den Fiskus abführt, soll im Gegenzug auch keine Vorsteuererstattung erhalten.

Nun hat U mit dem Generalübernehmer einen Baufestpreis für die Errichtung des gesamten Gebäudes vereinbart. Er kann also nicht konkret benennen, welche Leistungen und damit welche Kaufpreisanteile auf die Errichtung dieser Arztpraxen entfallen. Über die Ermittlung des abzugsfähigen Vorsteueranteils gibt A. 208 UStR Auskunft. Danach werden drei Gruppen von Vorsteuerbeträgen unterschieden:

– Vorsteuern, die in voller Höhe abziehbar sind,
– Vorsteuern, die in voller Höhe vom Abzug ausgeschlossen sind und
– übrige Vorsteuerbeträge. In diese Gruppe fallen die Mischumsätze.

Vor die Vorsteueraufteilung nach § 15 Abs. 4 UStG haben die Finanzgötter das Prinzip der wirtschaftlichen Zurechnung gestellt. Danach muss jeder Leistungsbezug einem bestimmten Ausgangsumsatz wirtschaftlich zugeordnet werden. Bildlich gesprochen ist beispielsweise die Lieferung der Rasenkantensteine für die Einfassung des Fahrradstellplatzes, der für die Patienten der Arztpraxen reserviert ist, den steuerfreien Vermietungsumsätzen direkt zuzurechnen. Ist eine direkte Zurechnung nicht möglich, dann sind die angefallenen Vorsteuerbeträge im Wege einer sachgerechten Schätzung zu ermitteln. Als Regelaufteilungsmaßstab gilt gem. A. 208 Abs. 2 UStR das Verhältnis der Nutzflächen. Bei unterschiedlichen Geschosshöhen ist auch das Verhältnis nach dem umbauten Raum zulässig. Die Aufteilung nach dem Umsatzverhältnis ist nur zulässig, wenn keine andere wirtschaftliche Zurechnung möglich ist (§ 15 Abs. 4 Satz 3 UStG).

Im Fall 67 hat U einen Baufestpreis vereinbart. Eine detaillierte Aufteilung des Kaufpreises auf die einzelnen Leistungsbestandteile ist demnach nicht möglich. Zwar würden sich diese Informationen aus dem Rechnungswesen des Generalübernehmers ergeben, dieser wird jedoch nicht bereit sein, seine Kalkulation offen zu legen. Deshalb bleibt U nichts anderes übrig, als die 19% Vorsteuer i.H.v. EUR 950.000 im Wege der Schätzung in einen abzugsfähigen und einen nicht abzugsfähigen Anteil aufzuteilen. Entsprechend dem Flächenschlüssel vermietet U 20% des Büro- und Geschäftshauses an Ärzte und damit zur Ausführung steuerfreier Umsätze. Damit sind 20% von den EUR 950.000 = EUR 190.000 diesen Ausschlussumsätzen zuzuordnen. Diese Vorsteuer ist nicht abzugsfähig, U erhält lediglich die 80% auf steuerpflichtige Umsätze entfallende Vorsteuer i.H.v. EUR 760.000 vom Finanzamt zurück.

Vorsteuerabzug bei ungewisser Verwendung

▄▄▄ Fall 68

Unternehmer U lässt noch ein Bürogebäude errichten. Grundsätzlich beabsichtigt er, die Büroräume an Mieter abzugeben, die gem. § 9 UStG als optionsfähig gelten, d.h. er möchte die Mietverträge mit Umsatzsteuer abschließen, denn der Vorsteuerabzug stellt für U einen erheblichen finanziellen Vorteil dar. Allerdings ist zum Zeitpunkt der Gebäudeerrichtung noch ungewiss, ob U tatsächlich ausreichend optionsfähige Mieter finden wird. Kann er die Vorsteuer aus den Baurechnungen nach § 15 Abs. 1 UStG trotz dieser Ungewissheit geltend machen?

Bedingung für den Vorsteuerabzug ist u.a., dass die anschließende Vermietung steuerpflichtig erfolgt. Die Erkenntnis über die tatsächliche Verwendung der Büroräume kann ein Steuerpflichtiger erst nach Abschluss der Mietverträge erlangen. Über den Vorsteuerabzug muss er aber bereits in der Bauphase abschließend befinden. Deshalb ist in diesen Fällen auf die Absicht des Steuerpflichtigen abzustellen (A. 203 Abs. 1 UStR). Die Verwendungsabsicht muss durch objektive Anhaltspunkte belegt werden.

Im Fall 68 bedeutet dies, dass U Anspruch auf 100 % der Vorsteuern hat, wenn er konkret nachweisen kann, dass er im Zeitpunkt des Leistungsbezuges eine steuerpflichtige Vermietung anstrebt. Er sollte seine Absicht nach außen hin erkennbar glaubhaft dokumentieren, denn Behauptungen allein reichen nicht aus.

Anfänglicher Leerstand

Fall 69

Das Gebäude des U aus Fall 68 wurde nach Fertigstellung über einen Makler und diverse Zeitungsinserate potentiellen Mietern angeboten. 10 % der Fläche stehen ein Jahr nach Baufertigstellung immer noch leer. Hat das Auswirkungen auf den Vorsteuerabzug?

Auch für die Zeit des Leerstands kommt es auf die Verwendungsabsicht des Steuerpflichtigen an. Kommt es danach zu einer steuerpflichtigen Vermietung, bleibt der Vorsteuerabzug erhalten. Entschließt sich U – entgegen seiner Absicht – zur Vermeidung einer länger währenden Leerstandszeit steuerfrei zu vermieten, dann ändert das auch nichts an der ursprünglichen Vorsteuerfestsetzung. Allerdings kommt dann § 15a UStG zum Tragen. Es liegt eine sog. Verwendungsänderung vor, die eine Vorsteuerkorrektur für die Zukunft bewirkt (siehe hierzu ausführlich Lektion 10). Der Gebäudeleerstand selbst ist nicht in den zehnjährigen Korrekturzeitraum einzubeziehen. Dieser beginnt erst mit der erstmaligen geänderten Verwendung.

Eine Änderung der Verwendungsabsicht ist nur dann anzunehmen, wenn die geänderte Absicht auch tatsächlich umgesetzt wird. Denn nur dann kann davon ausgegangen werden, dass die ursprüngliche Absicht vollständig aufgegeben wurde (A. 203 Abs. 1 S. 15 und 16 UStR).

Zuordnung einer Immobilie zum Unternehmen

■ Fall 70

Der Tischlermeister T lässt auf seinem Werkstattgelände ein zweigeschossiges Gebäude errichten. In der oberen Etage richtet er seine Wohnung ein, während im Erdgeschoss die Tischlereiwerkstatt einzieht. Der Bau des Hauses hat T EUR 1.000.000 zzgl. 19 % USt gekostet. Kann T die Vorsteuern i.H.v. EUR 190.000 geltend machen?

Ein Vorsteuerabzug kommt nach § 15 Abs. 1 UStG nur in Betracht, wenn die Immobilie dem Unternehmen des Leistungsempfängers zugeordnet wurde. Wird ein Gebäude für unternehmerische und nicht-unternehmerische Zwecke verwendet, muss der Unternehmer eine Zuordnungsentscheidung treffen. Verwendet ein Unternehmer ein Gebäude zu mindestens 10 % für sein Unternehmen, dann kann er es dem Unternehmensvermögen zuordnen § 15 Abs. 1 Satz 2 UStG. Er hat aber auch die Möglichkeit, es dem Privatvermögen zuzurechnen. Und als dritte Möglichkeit kann er das Gebäude auf beide Bereiche aufteilen (Zuordnungswahlrecht). Kein Wahlrecht besteht, wenn das Gebäude zu 100 % für unternehmerische oder private Zwecke genutzt wird.

☐ Übersicht 6: Zuordnungsgrundsätze

Nutzung der Immobilie	Unternehmens-vermögen	Privatvermögen
– ausschließlich im unternehmerischen Bereich	zwingend	
– zu weniger als 10 % im unternehmerischen Bereich		zwingend
– gemischte Verwendung, zu mindestens 10 % im unternehmerischen Bereich	Zuordnungswahlrecht	Zuordnungswahlrecht

Verwendet der Unternehmer eine seinem Unternehmen zugeordnete Immobilie auch für private Zwecke, so ist jedoch die Eigennutzung der Umsatzsteuer zu unterwerfen (§ 3 Abs. 9a Nr. 1 UStG i.V.m. § 10 Abs. 4 Nr. 2 UStG).

T hat im Fall 70 das Gebäude seinem Unternehmen zugeordnet. Da er mit seiner Tischlerei steuerpflichtige Ausgangsumsätze erbringt, sind die Voraussetzungen für den Vorsteuerabzug erfüllt. Er kann die gesamten EUR 190.000 als Vorsteuer in Abzug bringen. Allerdings nutzt T 50 % des Gebäudes für private – also nichtunternehmerische – Zwecke. Diese Privatnutzung unterliegt der Umsatzbesteuerung als sonstige Leistung gem. § 3 Abs. 9a Nr. 1 UStG. Als Bemessungsgrundlage für diese unentgeltliche Wertabgabe ist § 10 Abs. 4 Nr. 2 UStG zu beachten. Danach sind die Nettokosten anzusetzen, die ursprünglich zum Vorsteuerabzug berechtigt haben. Dazu zählen auch Anschaffungs- und Herstellungskosten. Diese sind gleichmäßig auf den Zeitraum zu verteilen, der dem Berichtigungszeitraum nach § 15a UStG entspricht – also bei Gebäuden zehn Jahre.

Die Bemessungsgrundlage ermittelt sich wie folgt:

Anschaffungskosten	EUR	1.000.000
verteilt über zehn Jahre p.a.	EUR	100.000
davon 50 % privat genutzt	EUR	50.000 = Bemessungsgrundlage
× 19 % USt	EUR	9.500.

T muss über 10 Jahre Umsatzsteuer i.H.v. EUR 9.500 an das Finanzamt abführen. Unterstellt, der Umsatzsteuersatz bleibt in den kommenden zehn Jahren unverändert bei 19 %, dann zahlt T die im Jahre 01 durch das Finanzamt vergütete Vorsteuer 1:1 zurück. Der Vorteil besteht in dem zinslosen Kredit, den ihm das Finanzamt im Erstjahr gewährt.

Vorsteuerabzug bei Fehlmaßnahmen

■■ Fall 71

Der Bauunternehmer B plant am Ufer der Elbe den Hotelneubau „Waldschlösschen" zu errichten. Er beauftragt ein Architekturbüro mit der Planung. Wenige Monate nach Erteilung der Baugenehmigung erwirkt der Naturschutzverband einen Baustopp, weil durch das Bauvorhaben eine gefährdete Fledermausart, die „Hufeisennase", in ihrem Lebensraum gestört wird. B hat nun die Wahl, eine Prozesslawine mit ungewissem Ausgang loszutreten oder das umstrittene Bauprojekt endgültig zu den Akten zu legen. In Anbetracht der Tatsache, dass er bisher nur die Planungskosten i.H.v. brutto EUR 29.750 brutto verausgabt hat, entschließt er sich, von einer Fortführung des Projektes Abstand zu nehmen. Kann sich B die Vorsteuer aus den Planungskosten vom Finanzamt zurückholen?

Voraussetzung für den Vorsteueranspruch (Leitsatz 23) ist u.a. die Unternehmereigenschaft. Unternehmer ist auch, wer die Absicht hat, eine unternehmerische Tätigkeit auszuüben. Gerade in der Existenzgründungsphase eines Unternehmens fallen zunächst Kosten an, bevor die Umsätze zu sprudeln beginnen. Stellt sich die Betätigung des Unternehmers als Fehlmaßnahme heraus, mit der Folge, dass den Investitionsausgaben keine Umsätze folgen werden, dann bleibt die Unternehmereigenschaft trotzdem erhalten (A. 19 Abs. 1 und 2 UStR). Entscheidend ist allerdings, nachzuweisen, dass man die Absicht hatte, steuerpflichtige Umsätze zu erbringen.

B hat im Fall 71 die Unternehmereigenschaft erlangt, denn er kann glaubhaft nachweisen, im Zeitpunkt des Bezuges der Architektenleistungen steuerpflichtige Ausgangsumsätze geplant zu haben. Der Unternehmerstatus fällt auch nicht rückwirkend weg, weil sein Projekt gescheitert ist. Somit kann er die Vorsteuer von 19% aus der Rechnung über brutto EUR 29.750 geltend nachen. B hat Anspruch auf EUR 4.750 Vorsteuer aus den Vorbereitungshandlungen.

Hinweis: *Gerade bei Immobilieninvestitionen ist der Nachweis, welche Umsätze geplant sind, im Zeitpunkt des Leistungsbezuges der vorsteuerbehafteten Kosten schwierig. Es empfiehlt sich, zur Dokumentation Kalkulationsunterlagen, Vermietungsanzeigen usw. aufzubewahren.*

Lektion 10: Vermietung

Vermietungsleistungen unterliegen gem. § 1 Abs. 1 Nr. 1 UStG der Umsatzsteuer, d.h. der Umsatz ist steuerbar. Der Ort dieser sonstigen Leistung richtet sich nach § 3a Abs. 2 Nr. 1 Buchst. a UStG. Vermietungsumsätze über Immobilien werden dort ausgeführt, wo sich die Immobilie befindet. Die langfristige Vermietung von Immobilien ist nach

§ 4 Nr. 12a UStG **steuerfrei**. Unter bestimmten Voraussetzungen kann der Vermieter auf die Steuerfreiheit gem. § 9 UStG verzichten. Damit ist der Umsatz **steuerpflichtig**. Diese steuerpflichtige Vermietung berechtigt den Vermieter zum Vorsteuerabzug und verpflichtet ihn im Gegenzug, die auf den Mietumsatz vereinnahmte Umsatzsteuer an das Finanzamt abzuführen.

◼ Fall 72

Vermieter V erzielt im Jahr 01 aus steuerpflichtigen Vermietungsumsätzen EUR 10.000,00 zzgl. EUR 1.900,00 Umsatzsteuer. Aus vorsteuerbehafteten Eingangleistungen sind Vorsteuern in Höhe von EUR 900,00 angefallen.

Wieviel Geld bekommt das Finanzamt?

V hat stellvertretend für den Fiskus Umsatzsteuer in Höhe von EUR 1.900,00 vereinnahmt. Er schuldet diese Steuer gem. § 13a Abs. 1 Nr. 1 UStG. V kann sich gem. § 15 Abs. 1 Nr. 1 UStG aus den Rechnungen, die andere Unternehmer für Lieferungen oder Leistungen an sein Vermietungsunternehmen gestellt haben, die Vorsteuern abziehen.

Vereinnahmte Umsatzsteuer:		EUR	1.900,00
Abzugsfähige Vorsteuer	./.	EUR	900,00
Umsatzsteuerzahllast:		EUR	1.000,00

V muss EUR 1.000,00 an das Finanzamt überweisen.

Der Verzicht auf die Steuerbefreiung (Option)

Wir haben in Lektion 8 im Zusammenhang mit dem Grundstückskauf gelernt, dass der Unternehmer die Möglichkeit hat, unter bestimmten Voraussetzungen auf die Steuerfreiheit des Umsatzes nach § 9 UStG zu verzichten. Zu dem bisher Erlernten kommt jetzt noch ein Aspekt hinzu.

◼ Fall 73

Vermieter (V) besitzt ein zweigeschossiges Wohn- und Geschäftshaus. Im Erdgeschoss befinden sich zwei Gewerbeeinheiten (G 01 und G 02), die obere Etage ist zu Wohnzwecken vermietet. Die Einheit G 01 vermietet er an eine Rechtsanwaltskanzlei und die Einheit G 02 an einen Versicherungsmakler. Kann er auf beide Vermietungsumsätze nach § 9 UStG optieren?

Bitte lesen Sie § 9 Abs. 1 UStG. Danach besteht unter bestimmten Voraussetzungen die Möglichkeit des Verzichts auf die Steuerfreiheit für Vermietungsumsätze. Das nennt man Option. Gemäß § 4 Nr. 12 Buchst. a UStG ist die Vermietung von Grundstücken von der Umsatzsteuer befreit. Eine Wohnung bzw. Gewerbeeinheit gilt als Grundstück. Nun kommt verschärfend § 9 Abs. 2 UStG hinzu. Danach ist die Option auf Vermietungsumsätze nur zulässig, wenn der Gewerbemieter selbst steuerpflichtige Umsätze erbringt. Der Leistungsempfänger (Mieter) muss die Mietsache zur Ausführung von Umsätzen verwenden, die den Vorsteuerabzug nicht ausschließen. Dies bedeutet, dass der Vermieter bei Abschluss des Mietvertrages Erkundigungen über die unternehmerische Betätigung des Mieters einholen muss.

Zur Lösung des Falles 73 ist nachstehende Prüffolge vorzunehmen:

Unser Vermieter V erbringt gegenüber allen Mietern Umsätze, die nach § 1 Abs. 1 Nr. 1 UStG steuerbar, aber gem. § 4 Nr. 12 Buchst. a UStG steuerfrei sind. Jedoch werden nicht alle Vermietungsumsätze an Unternehmer für deren Unternehmen ausgeführt. Die Vermietung zu Wohnzwecken erfolgt an Privatpersonen. Damit ist die Bedingung des § 9 Abs. 2 UStG nicht erfüllt. Die Wohnungsmietumsätze scheiden aus der Optionsmöglichkeit aus. Der Gewerbemieter Rechtsanwaltskanzlei erbringt mit seinen Beratungsleistungen steuerbare und steuerpflichtige Umsätze. Damit erfüllt er die Bedingung des § 9 Abs. 2 UStG. Auf diesen Vermietungsumsatz kann V optieren. Der Mieter der Gewerbeeinheit G 02, das Versicherungsunternehmen erbringt auch steuerbare Umsätze. Diese sind jedoch nach § 4 Nr. 11 UStG steuerfrei. Damit erbringt er Umsätze, die den Vorsteuerabzug ausschließen, denn seine Ausgangsumsätze sind nicht mit USt belastet.

Vermietete Einheit	steuerbar gemäß:	steuerfrei gemäß:	Option möglich?
Wohneinheiten	§ 1 Abs. 1 Nr. 1 UStG	§ 4 Nr. 12a UStG	nein
Gewerbeeinheit G 01	§ 1 Abs. 1 Nr. 1 UStG	§ 4 Nr. 12a UStG	ja
Gewerbeeinheit G 02	§ 1 Abs. 1 Nr. 1 UStG	§ 4 Nr. 12a UStG	nein

Es ist zusammenfassend festzustellen, dass im Gegensatz zur Option beim Grundstücksverkauf die Optionsmöglichkeiten bei Vermietungsumsätzen stärker eingegrenzt sind.

Leitsatz 24

!

Voraussetzungen für den Verzicht auf die Steuerbefreiung bei Vermietungsleistungen

– Der Mieter der angemieteten Räume ist Unternehmer und verwendet die Räume für sein Unternehmen (§ 9 Abs. 1 UStG).

– Der Mieter verwendet die Mietsache für Umsätze; die den Vorsteuerabzug nicht ausschließen, d.h. er erbringt selbst steuerpflichtige Umsätze (§ 9 Abs. 2 UStG).

◾ Fall 74

Unser Vermieter V aus Fall 73 vermietet nun eine Gewerbeeinheit an die Allgemeine Ortskrankenkasse (AOK). Ist die Ausübung der Option auf diesen Vermietungsumsatz möglich?

Die AOK stellt einen Hoheitsbetrieb dar. Eine Option ist mangels Unternehmereigenschaft nicht möglich. Die umsatzsteuerliche Unternehmereigenschaft ist im § 2 Abs. 1 UStG geregelt. Danach muss die Betätigung selbständig, nachhaltig und mit Einnahmenerzielungsabsicht erfolgen. Auf die Gewinnerzielungsabsicht kommt es nicht an!

◾ Fall 75

Frau Zwiebel, die Inhaberin des Restaurants „Eisbeineck", hat in einem Wohn- und Geschäftshaus das Erdgeschoss für ihren Restaurantbetrieb angemietet. Da das Lokal erst nach Verlassen des letzten Gastes schließt, endet der Arbeitstag für Frau Zwiebel spät in der Nacht. Daher ist sie hocherfreut, als sie von einer frei werdenden Dachgeschosswohnung im selben Haus erfährt. Sie mietet diese an und freut sich über den nun kurzen Heimweg nach Schließung des Lokals. Kann der Vermieter auf den Umsatz für die Dachgeschosswohnung optieren?

§ 9 Abs. 1 UStG fordert für den Verzicht auf die Steuerbefreiung, dass der Vermietungsumsatz an einen Unternehmer für dessen Unternehmen ausgeführt wird. Frau Zwiebel ist zwar Unternehmerin, sie verwendet die Dachgeschosswohnung jedoch für ihre privaten Zwecke. Damit ist die Option ausgeschlossen.

▰▰ Fall 76

Der Hotelier Schlummer des Gasthofes „Zur goldenen Sonne" liest in den Verbandsnachrichten des Hoteliergewerbes, dass Vermietungsumsätze von der Umsatzsteuer befreit seien. Er berechnet seinen Hotelgästen jedoch immer 19 % Umsatzsteuer auf den Umsatz. Schlummer fragt nun seinen Steuerberater, ob er ungerechtfertigt Umsatzsteuer berechnet.

Das ist eine Fangfrage! Hotelumsätze sind gem. § 4 Nr. 12 Satz 2 UStG nicht umsatzsteuerfrei, da sie nur zur kurzfristigen Beherbergung von Fremden bereitgehalten werden. Diese Umsätze sind immer steuerpflichtig, damit stellt sich die Frage nach der Anwendung des § 9 UStG überhaupt nicht.

▰▰ Fall 77

Frau F fährt zur Erledigung von Einkäufen in das Westgate-Center. Ihren Pkw parkt sie in einem Parkhaus für EUR 1,00 pro Stunde. Ist in der Parkgebühr Umsatzsteuer enthalten?

Die Vermietung von Fahrzeugstellplätzen und Garagen ist grundsätzlich umsatzsteuerbar und umsatzsteuerpflichtig (§ 4 Nr. 12a Satz 2 UStG), gleichgültig, ob es sich um eine kurzfristige oder langfristige Vermietung handelt.

Das bedeutet in unserem Fall 77, dass in der Parkgebühr 19 % Umsatzsteuer enthalten sind.

▰▰ Fall 78

Frau F wohnt in einer dicht bebauten Innenstadtlage, in der Parkplätze rar sind. Das Mietshaus, in dem sie ihre Wohnung hat, verfügt über Tiefgaragenstellplätze. Frau F ist es leid, abends Zeit mit der Suche nach einem Parkplatz zu vergeuden und entschließt sich, bei ihrem Vermieter einen Tiefgaragenstellplatz anzumieten. Ist in dem Mietpreis für den Tiefgaragenplatz Umsatzsteuer enthalten?

Wir haben im Fall 77 festgestellt, dass die Vermietung von Plätzen für das Abstellen von Fahrzeugen nicht von der Umsatzsteuer gem. § 4 Nr. 12a UStG befreit ist. Dies gilt jedoch nur, soweit es sich bei der Vermietungsleistung um eine **Hauptleistung** handelt. Erfolgt die Vermietung des Stellplatzes als **Nebenleistung** zu einer steuerfreien (Haupt-)Leistung (z. B. einer umsatzsteuerfreien Wohnungsvermietung), dann ist auch die Stellplatzvermietung steuerfrei zu behandeln. Dabei ist es unschädlich, wenn die Wohnungs- und die Stellplatzvermietung in getrennten Verträgen vereinbart werden. Für die Annahme einer Nebenleistung ist aber ein **räumlicher Zusammenhang** zwischen Grundstück und Stellplatz erforderlich. Weiterhin muss die Vermietung beider Mietsachen durch **einen** Vermieter erfolgen.

Im Fall 78 liegt eine solche Nebenleistung zur Hauptleistung vor. Die Hauptleistung des Vermieters besteht in der Vermietung der Wohnung. Die zusätzliche Vermietung des Tiefgaragenstellplatzes stellt eine Nebenleistung zur Hauptleistung dar. Da die Hauptleistung gem. § 4 Nr. 12a UStG von der Umsatzsteuer befreit ist, überträgt sich die Steuerfreiheit auch auf die Nebenleistung Stellplatzvermietung. Es fällt folglich keine Umsatzsteuer an.

▌ Fall 79

Fall 79 ist eine Abwandlung von Fall 78. Frau F fragt dieses Mal vergebens bei ihrem Vermieter an. Die Tiefgaragenplätze im Haus der Frau F sind bereits alle vermietet. Frau F mietet nun in der gleichen Straße einige Hausnummern weiter bei einem anderen Vermieter einen Stellplatz an. Ist hier in dem Mietpreis Umsatzsteuer zu berücksichtigen?

Die Anmietung dieses Stellplatzes stellt keine Nebenleistung zur Anmietung ihrer Mietwohnung dar. Wird ein Stellplatz an eine Person vermietet, die nicht Wohnungs- oder Gewerbemieter im gleichen Objekt ist, dann ist auf die Stellplatzmiete grundsätzlich Umsatzsteuer zu erheben.

▌ Fall 80

Frau F ist Ärztin und hat in einem Ärztehaus Praxisräume und einen Pkw-Stellplatz angemietet. Der Mietvertrag für die Arztpraxis und den Stellplatz weist keine Umsatzsteuer aus. Ist das richtig?

Werden Gewerberäume an einen nicht optionsfähigen Gewerbemieter vermietet (z. B. Arzt, Finanzdienstleister) oder an einen Hoheitsbetrieb (z. B. AOK), dann erfolgen auch hier sowohl die Raumvermietung (Hauptleistung) als auch die ergänzende Stellplatzvermietung (Nebenleistung) steuerfrei. Die steuerfreie Behandlung des Mietpreises im Mietvertrag ist folglich korrekt.

■■■ Fall 81

Herr F ist Rechtsanwalt. Für seine Praxis hat er in einer repräsentativen Stadtvilla Gewerberäume angemietet. Zusätzlich hat er drei Stellplätze angemietet, einen für seinen eigenen Pkw und zwei Parkplätze für Mandanten. Wie ist die Stellplatzvermietung umsatzsteuerlich zu würdigen?

Erfolgt die Vermietung von Gewerberäumen dagegen an einen optionsfähigen Unternehmer mit Umsatzsteuer und wird die Option tatsächlich ausgeübt, dann unterfällt eine damit einhergehende Stellplatzvermietung zwangsläufig auch der Umsatzsteuer, da die Nebenleistung (Stellplatzvermietung) das Schicksal der Hauptleistung (Gewerberaumanmietung) teilt. Die Anmietung der drei Stellplätze erfolgt somit unter Berücksichtigung von Umsatzsteuer, unabhängig davon, ob die Stellplätze durch Herrn F selbst oder seine Mandanten genutzt werden.

■■■ Fall 82

Der Sohn von Frau F ist begeisterter Wassersportler. Er hat deshalb eine Wohnung mit Seezugang gemietet. Zur Wohnung gehört auch ein Bootsliegeplatz. Ist die Vermietung eines Bootsliegeplatzes gem. § 4 Nr. 12 Satz 2 UStG steuerpflichtig?

Nach § 4 Nr. 12 Satz 2 UStG ist die Vermietung von Plätzen für das Abstellen von Fahrzeugen umsatzsteuerpflichtig. Als Fahrzeug ist auch ein Boot anzusehen. Daher gelten für Bootsliegeplätze an Bootsstegen die gleichen Vorschriften wie für Pkw-Stellplätze.

Die Vermietung der Bootsliegeplätze ist steuerfrei, wenn sie eine Nebenleistung zu einer steuerfreien Leistung (z. B. steuerfreie Wohnungsvermietung) darstellt. Um die Steuerbefreiung zu erlangen, müssen bestimmte Voraussetzungen erfüllt sein. Dies sind z. B. die **Identität der Vertragspartner** beider Mietverträge (für Wohnung und Bootsliegeplatz) sowie die **räumliche Nähe** zwischen Wohnung und mitvermietetem Abstellplatz. Nicht erforderlich ist ein einheitlicher Vertrag. Auch kommt es nicht auf die Dauer der Nutzung des Liegeplatzes an.

Im Fall 82 erfolgt die Vermietung der Bootsliegeplätze als Nebenleistung zur Wohnungsanmietung. Mithin ist dieser Umsatz als Nebenleistung der steuerfreien Wohnungsvermietung nicht der Umsatzsteuer zu unterwerfen.

Sonderfall Altimmobilien

Die in den Fällen 72 bis 82 beschriebenen Sachverhalte stellen hinsichtlich der Anwendung des § 9 Abs. 2 UStG die grundsätzliche Rechtslage dar. Der § 9 Abs. 2 UStG wurde ab dem 1.1.1994 neu gefasst. Der zeitliche Anwendungsbereich dieser Vorschrift ist in § 27 Abs. 2 UStG geregelt. Danach ist die Vorschrift in der verschärften Form nicht anzuwenden bei Gebäuden, die vor dem 1.1.1998 fertig gestellt wurden, wenn mit der Errichtung vor dem 11.11.1993 begonnen wurde.

In Anbetracht der langen Nutzungsdauer von Gebäuden gibt es nach wie vor eine Vielzahl von Gebäuden, für die § 9 Abs. 2 UStG in der Fassung ab 1.1.1994 nicht gilt.

Bei diesen sog. Altimmobilien ist eine Option auch statthaft, wenn die Vermietung an Mieter erfolgt, die selbst keine steuerpflichtigen Ausgangsumsätze erzielen, z. B. Ärzte. Man muss also immer die „Geburtsurkunde" des Hauses im Blick haben!

Leitsatz 25

!

Zeitlicher Anwendungsbereich des § 9 Abs. 2 UStG

Bei Anwendung des § 9 Abs. 2 UStG sind die Übergangsvorschriften des § 27 Abs. 2 UStG zu beachten, da die Option vom Zeitpunkt des Baubeginns und der Fertigstellung des Objektes abhängt.

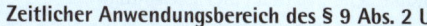 Fall 83

Vermieter V erwarb im Jahr 2000 ein Wohn- und Geschäftshaus. Es handelt sich dabei um ein Altgebäude, das um 1920 errichtet wurde. In den Jahren 2000 bis 2002 wurde das Gebäude umfassend modernisiert. Aus den auf die Gewerbeeinheiten entfallenden Baukosten hat V Vorsteuern geltend gemacht. Kann V diese Gewerbeeinheiten unter Ausübung der Option nach § 9 Abs. 2 UStG an Unternehmer vermieten, die selbst keine steuerpflichtigen Ausgangsumsätze erbringen (z. B. Ärzte)?

Für die **Vermietung von Altbauten**, die vor dem **11.11.1993** errichtet und für unternehmerische Zwecke des Mieters vermietet worden sind, ist der Verzicht auf die Steuerbefreiung der Vermietungsumsätze nach § 9 Abs. 2 UStG i.V.m. § 27 Abs. 2 UStG **ohne jede weitere Einschränkung** möglich. Das gilt auch dann, wenn der Vermieter den Altbau nach dem 11.11.1993 erworben hat.

Im **Beispielsfall 83** wurde das Gebäude um 1920 – also deutlich vor dem 11.11.1993 – errichtet. Die Modernisierung des Hauses in den Jahren 2000 bis 2002 stellt Erhaltungsaufwand (und keine Neubautätigkeit) dar. Das Gebäude ist weiterhin als (modernisierter) Altbau zu klassifizieren. V kann also die Gewerbeeinheiten unter Ausübung des Optionsrechtes nach § 9 Abs. 2 UStG z. B. an Ärzte vermieten.

Der Gewerbemietvertrag als Rechnung (Mindestanforderungen)

Im Fall der Option muss der Vermieter gegenüber dem Mieter stets eine ordnungsgemäße Rechnung erstellen. Nur eine Rechnung, die den Formalien des Umsatzsteuergesetzes genügt, legitimiert zum Vorsteuerabzug. Grundsätzlich ist ein Mietvertrag als Rechnung anzusehen, wenn er die in § 14 Abs. 1 UStG geforderten Pflichtangaben enthält. In diesem Fall erübrigt sich das monatliche Erteilen einer Rechnung.

Mietverträge stellen Dauerschuldverhältnisse dar. Diese werden i.d.R. in Teilleistungen erfüllt. Der Mieter ist als Leistungsempfänger zum Vorsteuerabzug aus seiner Mietzahlung berechtigt, sobald die Teilzahlung ausgeführt und in einer Rechnung die Umsatzsteuer für diese Teilleistung gesondert ausgewiesen ist. Bei Dauerschuldverhältnissen bedarf es **keiner** gesonderten monatlichen Abrechnung mit gesondertem Umsatzsteuerausweis, sofern die Umsatzsteuer im Mietvertrag gesondert ausgewiesen ist.

Steuerpflichtige Vermietungsleistungen unterliegen dem Regelsteuersatz gem. § 12 Abs. 1 UStG von derzeit 19 %. Dieser Steuersatz gilt auch für Nebenleistungen.

Die Nebenkostenabrechnung bei steuerpflichtigen gewerblichen Mietverhältnissen

Mietverträge beinhalten im Regelfall eine Vereinbarung über den Mietzins und über die Vorauszahlung für Nebenkosten (Betriebs- und Heizkosten). Nach Ablauf eines Vermietungsjahres erstellt der Vermieter eine Abrechnung über die Nebenkosten.

Zu den durch den Mieter wirtschaftlich zu tragenden Nebenkosten gehören u.a. auch Eingangsleistungen, die dem ermäßigten Steuersatz von 7 % unterliegen (z. B. Frischwasserlieferung) und solche, die gar nicht mit Umsatzsteuer belastet werden (Versicherungen, Grundsteuer, Schmutzwasserentsorgung).

Erfolgt die Vermietung steuerpflichtig, so muss die Weiterberechnung der Nebenkosten ebenfalls zum Regelsteuersatz von 19 % erfolgen, denn Nebenleistungen teilen das Schicksal der Hauptleistung.

■■■ Fall 84

Gewerbemieter M zahlt monatlich eine Nebenkostenvorauszahlung i.H.v. EUR 100 zzgl. 19 % Umsatzsteuer EUR 19 an seinen Vermieter V. Nach Ablauf des Wirtschaftsjahres ermittelt V die für diese Mieteinheit tatsächlich angefallenen anteilig umlagefähigen Nebenkosten. Er entwickelt nachstehende Tabelle:

Nebenkosten	Netto in EUR	7 % USt in EUR	19 % USt in EUR	Brutto in EUR
Grundsteuer	30,00	0,00	0,00	30,00
Versicherung	50,00	0,00	0,00	50,00
Frischwasserlieferung	300,00	21,00	0,00	321,00
Abwasserentsorgung	260,00	0,00	0,00	260,00
Niederschlagswasserentsorgung	120,00	0,00	0,00	120,00
Winterdienst	30,00	0,00	5,70	35,70
Heizkosten	450,00	0,00	85,50	535,50
Aufzugskosten	80,00	0,00	15,20	95,20

Müllabfuhr	50,00	0,00	9,50	59,50
Hausbeleuchtung	40,00	0,00	7,60	47,60
Hausreinigung	90,00	0,00	17,10	107,10
Summe	**1.500,00**	**21,00**	**140,60**	**1.661,60**

Wie muss eine korrekte Nebenkostenabrechnung gegenüber dem Mieter aussehen?

Es gilt der eiserne Grundsatz: „Nebenkosten teilen das Schicksal der Hauptleistung"! Die Nebenkosten müssen also umsatzsteuerlich genauso behandelt werden wie der reine Mietzins, d.h. wird die Miete mit 19 % Umsatzsteuer berechnet, so sind die Nebenkosten analog zu behandeln. Dieser Grundsatz ist nicht nur bei der monatlichen Nebenkostenvorauszahlung zu befolgen sondern auch bei der späteren Abrechnung der Nebenkosten nach Ablauf des Jahres. Hier werden in der Praxis häufig gravierende Fehler gemacht.

Der Vermieter ermittelt die umlagefähigen Nettobetriebskosten. Unabhängig davon, ob die Nebenkostenpositionen mit Umsatzsteuer (0 %, 7 %, 19 %) belastet sind, berechnet der Vermieter die Nebenkosten mit dem Regelsteuersatz von 19 % weiter, denn die Nebenkosten folgen hinsichtlich des Steuersatzes der Hauptleistung. Dabei muss er selbstverständlich den Nettobetrag als Basis heran ziehen.

Unser Vermieter V muss im Fall 84 den Nettobetrag von EUR 1.500 mit 19 % Umsatzsteuer weiterbelasten. Jene Nebenkostenpositionen, auf die keine Umsatzsteuer erhoben wurde, sind ungekürzt in die Endabrechnung einzustellen. Bei den mit Umsatzsteuer belasteten Kosten ist der Nettowert einzusteuern. Nun ist auf die Gesamtsumme von EUR 1.500 die 19 %ige Umsatzsteuer i.H.v. EUR 285 aufzusatteln.

Gegenüber dem M rechnet V folgendermaßen ab:

Eingangsleistungen: EUR 1.500 + EUR 285 USt = EUR 1.785
Nebenkostenvorauszahlung: EUR 1.200 + EUR 228 USt = EUR 1.428
Nachzahlung: EUR 300 + EUR 57 USt = EUR 357

Aus der Nebenkostenabrechnung ergibt sich für M eine Zahlungsverpflichtung i.H.v. EUR 357. Da M selbst steuerpflichtige Umsätze erbringt, gelten die Zahlungen aus dem Mietvertrag als Eingangsleistungen, die zum Vorsteuerabzug berechtigen. M kann sich die EUR 57 als Vorsteuern vom Finanzamt zurück holen, so dass er letztendlich nur mit dem Nettobetrag von EUR 300 belastet ist. Und das ist auch gut so.

Vorsteuerabzug und Vorsteueraufteilung

Der Vorsteuerabzug bei einer Immobilienvermietung setzt voraus, dass die vorsteuerbehaftete Eingangsleistung zur Ausführung steuerpflichtiger Ausgangsumsätze verwendet wird.

■■■■ Fall 85

Vermieter V besitzt ein Wohn- und Geschäftshaus. Im Erdgeschoss vermietet er eine Gewerbeeinheit an den Friseursalon „Blonde Locke". Zur Beseitigung eines Wasserschadens in dem Salon beauftragt er das Sanitärunternehmen Röhrig. Dieses erteilt folgende Rechnung:

Beseitigung Wasserschaden	netto	2.000,00 EUR
Zzgl. 19 % Umsatzsteuer		380,00 EUR
Gesamtbetrag		2.380,00 EUR

Kann Vermieter V die Vorsteuer aus der Rechnung des Sanitärunternehmens geltend machen?

Nach § 15 Abs. 1 UStG kann ein Unternehmer Vorsteuerbeträge für Lieferungen und sonstige Leistungen abziehen, die ein anderer Unternehmer für sein Unternehmen ausgeführt hat. Der Vorsteuerabzug wird jedoch gem. § 15 Abs. 2 Nr. 1 UStG verwehrt, sofern die Eingangsleistung zur Ausführung steuerfreier Umsätze verwendet wurde.

Im Fall 85 wird die Dienstleistung des Sanitärbetriebes für die Mieteinheit „Blonde Locke" erbracht. Die Umsätze des Friseurhandwerkes sind steuerbar und steuerpflichtig. Sofern V auf den Mietumsatz optiert hat – er die Miete mit Umsatzsteuer berechnet – kann er die Vorsteuer aus der Eingangsrechnung in voller Höhe geltend machen.

Fall 86

Das Wohn- und Geschäftshaus des Vermieters V aus Fall 86 enthält neben dem Friseurgeschäft noch sechs Wohnungen, die steuerfrei zu privaten Wohnzwecken vermietet sind. V hat mit der Firma Schneeflocke GmbH einen Vertrag über Schneebeseitigung in den Wintermonaten abgeschlossen. Hierfür stellt ihm die Schneeflocke GmbH folgende Rechnung:

Winterdienst	netto	1.000,00 EUR
Zzgl. 19% Umsatzsteuer		190,00 EUR
Gesamtbetrag		1.190,00 EUR

In welcher Höhe kann Vermieter V die Vorsteuer aus der Rechnung der Schneeflocke GmbH geltend machen?

Die Leistung des Winterdienstes wird nicht für eine bestimmte Mieteinheit erbracht sondern betrifft das gesamte Mietshaus. V führt zum Teil steuerpflichtige Vermietungsumsätze (Friseursalon) und überwiegend steuerfreie Mietumsätze (Wohnungsvermietung) aus.

Verwendet ein Unternehmer eine für sein Unternehmen in Anspruch genommene sonstige Leistung nur zum Teil zur Ausführung von Umsätzen, die den Vorsteuerabzug ausschließen, so ist die Vorsteuer aufzuteilen (§ 15 Abs. 4 UStG). Bei Gebäuden ist die Vorsteuer in der Regel nach dem Verhältnis der tatsächlichen Nutzflächen bzw. des umbauten Raums aufzuteilen (Abschn. 208 Abs. 2 UStR).

Im Fall 86 soll die Nutzfläche des Friseursalons 25% der gesamten Nutzfläche des Hauses betragen. Nach § 15 Abs. 4 UStG kann sich V 25% von EUR 190,00 als Vorsteuer abziehen. Die abzugsfähige Vorsteuer beträgt somit EUR 47,50.

Auswirkungen von Mieterwechsel und Leerstand auf den Vorsteuerabzug (§ 15a UStG)

Der Anspruch eines Unternehmers, Vorsteuerbeträge aus Eingangsleistungen geltend zu machen, ist gem. § 15 UStG an die Bedingung geknüpft, dass mit diesen bezogenen Lieferungen oder Leistungen auch steuerpflichtige Ausgangsumsätze generiert werden.

Überträgt man diesen Grundsatz auf den Unternehmer in der Immobilienwirtschaft, dann bedeutet das, dass Vorsteuerbeträge, die bei Erwerb oder Errichtung der Immobilie geltend gemacht wurden, eine anschließende steuerpflichtige Vermietung bedingen.

Die tatsächliche Verwendung lässt sich jedoch erst nach einem gewissen Zeitablauf feststellen. Nun kann die Lebensdauer einer Immobilie mehrere Jahrzehnte bzw. sogar Jahrhunderte umfassen. Daher stellt sich die Frage, wie lange die oben beschriebene Bedingung zu erfüllen ist. Hier setzt § 15a UStG an. Die Norm, überschrieben mit „Berichtigung des Vorsteuerabzugs" korrigiert den im Investitionszeitpunkt gewährten Vorsteuerabzug in der nachfolgenden zehnjährigen Vermietungsphase. § 15a UStG stellt quasi die systematische Verlängerung des § 15 UStG dar.

Vorsteuerkorrektur bei Anlagevermögen nach § 15a Abs. 1 UStG

▰▰▰ Fall 87

Vermieter V errichtet im Jahr 01 ein Geschäftshaus für EUR 5.000.000,00 zzgl. 19 % Umsatzsteuer EUR 950.000,00. Er vermietet es zu 100 % steuerpflichtig. 80 % der Fläche mietet eine Elektrohandelskette und 20 % werden durch ein Software-Unternehmen genutzt.

Nach Ablauf von 4 Jahren kündigt das Softwarehaus seinen Mietvertrag. V gelingt es, die Räume nahtlos weiter zu vermieten. Neuer Mieter ist ein Versicherungsunternehmen. Versicherungsunternehmen führen gem. § 4 Nr. 11 UStG steuerfreie Umsätze aus. Damit ist der Vermietungsumsatz nicht optionsfähig, die Vermietung erfolgt steuerfrei.

Hat dieser Mieterwechsel Konsequenzen hinsichtlich des Vorsteuerabzugs?

Ändern sich bei einem Grundstück, innerhalb eines Zeitraums von zehn Jahren ab dem Zeitpunkt der erstmaligen Verwendung die für den ursprünglichen Vorsteuerabzug maßgeblichen Verhältnisse, so ist für jedes Kalenderjahr der Änderung der ursprüngliche Vorsteuerabzug anteilig nach § 15a Abs. 1 UStG zu korrigieren.

Unser V aus Fall 87 hat Vorsteuern in Höhe von EUR 950.000,00 geltend gemacht. Da er innerhalb des Berichtigungszeitraums von zehn Jahren von der ursprünglich 100%ig steuerpflichtigen Vermietung abweicht, muss er anteilig Vorsteuern zurückführen. Von den zehn Jahren hat er vier Jahre vollumfänglich steuerpflichtig vermietet. Ab dem Jahr 05 muss er bis zum Jahr 10 anteilig für die von der Versicherung angemietete Gewerbeeinheit Vorsteuern an das Finanzamt zurück bezahlen. Die Versicherung mietet 20% der Nutzfläche, damit entfallen 20% der Vorsteuer von EUR 950.000,00 auf diese Einheit. Das entspricht EUR 190.000,00. Davon sind bereits vier Jahre verwirkt, d.h. 4/10 dieser Vorsteuer kann V behalten. In den Jahren 05 bis 10 muss er jedes Jahr 1/10 der anteiligen Vorsteuer an das Finanzamt zurückbezahlen, das entspricht p.a. EUR 19.000,00.

Vermietung an Softwarehaus
   4 Jahre: EUR 76.000,00 (4/10 von EUR 190.000)
Vermietung an Versicherung
   6 Jahre   EUR 114.000,00 (6/10 von EUR 190.000)

Von dem im Jahr 01 vom Finanzamt erstatteten Vorsteuervolumen für diese Gewerbeeinheit kann V EUR 76.000 behalten, während er EUR 114.000 über sechs Jahre verteilt in jährlichen Raten von EUR 19.000 an das Finanzamt zurückführen muss.

■■■ Fall 88

In Abwandlung des Falles 87 findet unser Vermieter V nach dem Leerzug der Gewerbeeinheit nicht sofort einen Anschlussmieter. Die Gewerbeeinheit steht für ein Jahr leer, bis mit Beginn des Jahres 06 ein Architekturbüro die Räumlichkeiten anmietet.

Welche Folgen ergeben sich für den Vorsteuerabzug des V?

Zwischenzeitlicher Leerstand einer Immobilie bewirkt nicht zwangsläufig eine Versagung des Vorsteueranspruchs. Entscheidend ist die Absicht des Vermieters, weiterhin steuerpflichtig zu vermieten.

V hat sich bis zum Abschluss des Mietvertrages mit dem Nachmieter nachweislich um die Vermietung an optionsfähige Mieter bemüht. Damit hat er seine Absicht zur steuerpflichtigen Vermietung signalisiert. Der Leerstand wird daher wie eine steuerpflichtige Vermietung bewertet. Im

Ergebnis ergeben sich keine Zahlungsverpflichtungen des V aus dem zwischenzeitlichen Leerstand.

Weitere Korrekturtatbestände

Der § 15a UStG ist zum 01.01.2005 neu gefasst worden. Der Katalog der Berichtigungstatbestände ist in der Vergangenheit erheblich ausgeweitet worden.

Vorsteuerkorrektur bei gewerblichem Grundstückshandel § 15a Abs. 2 UStG

■■■ Fall 89

Der Immobilienmakler I erwirbt im Jahr 01 ein Grundstück in der Absicht, dieses umsatzsteuerpflichtig weiter zu veräußern. Die Ankaufskosten betrugen EUR 100.000 zzgl. EUR 19.000 Umsatzsteuer. I hat die Vorsteuer von EUR 19.000 in der Umsatzsteuererklärung 01 geltend gemacht. Entgegen seiner Absicht veräußert I das Grundstück im Jahr 05 steuerfrei für EUR 120.000. Welche umsatzsteuerlichen Folgern bewirkt der Verkauf?

§ 15a UStG galt ursprünglich nur für langlebige Wirtschaftsgüter (Anlagevermögen). Seit 01.01.2005 erfasst die Vorschrift auch Wirtschaftsgüter des Umlaufvermögens. Der Gesetzestext spricht von Wirtschaftsgütern, die nur einmalig zur Erzielung von Umsätzen verwendet werden. In der Immobilienwirtschaft betrifft diese Vorschrift den gewerblichen Grundstückshändler oder Bauträger, der Grundstücke anschafft und veräußert. Der Berichtigungszeitraum ist für diese Fälle unbegrenzt, d.h. eine Berichtigung des Vorsteuerabzuges ist auch nach Ablauf von zehn Jahren noch möglich.

Durch den steuerfreien Verkauf hat I im Fall 89 die Anwendung des § 15a Abs. 2 UStG ausgelöst. Die steuerfreie Veräußerung führt zu einer Änderung der Verhältnisse im Vergleich zu den ursprünglichen Verhältnissen im Erwerbszeitpunkt. Aus einer steuerpflichtigen Verwendung ist eine steuerfreie geworden. Das Grundstück wird nur einmalig zur Ausführung von Umsätzen verwendet, nämlich zum Verkauf im Jahr 05. Damit ist im Zeitpunkt des Verkaufs der ursprüngliche Vorsteuerabzug zu berichtigen. I muss die gesamte Vorsteuer von EUR 19.000 im Jahr 05 an das Finanzamt zurückführen.

Vorsteuerkorrektur bei Instandhaltung nach § 15a Abs. 3 UStG

Fall 90

Vermieter V besitzt ein vermietetes Wohn- und Geschäftshaus. Er lässt im Jahr 01 in den drei Gewerbeeinheiten des Hauses sämtliche Fenster und Türen austauschen sowie die Bäder modernisieren. Die Maßnahmen sind Ende Dezember 01 abgeschlossen. V hat für diese Instandsetzungsmaßnahme EUR 50.000 zzgl. EUR 9.500 USt bezahlt. Da die bezogene Eingangsleistung zur Ausführung steuerpflichtiger Ausgangsumsätze verwendet wird, kann er den Vorsteuerabzug in voller Höhe beanspruchen. Zum 01.01.05 erfolgt ein Mieterwechsel. Die bisher steuerpflichtig vermieteten Einheiten werden nun steuerfrei weiter vermietet. Hat der Mieterwechsel Auswirkungen auf die Umsatzsteuer?

Instandsetzungsmaßnahmen ab dem 01.01.2005 führen in der Folgezeit zu einer Vorsteuerberichtigung nach § 15a Abs. 3 UStG. Geht ein Gegenstand nachträglich in ein anderes Wirtschaftsgut ein und verliert dieser dabei seine körperliche und wirtschaftliche Eigenart, d.h. er wird zum Bestandteil des „bearbeiteten Wirtschaftsgutes", dann unterliegt diese Investition einer eigenen Berichtigungspflicht.

Im Fall 90 begründen die Instandsetzungsarbeiten einen eigenen Berichtigungszeitraum. Die Leistungen sind in das Gebäude eingegangen, sie sind Bestandteil des Gebäudes geworden. Die Bauarbeiten wurden ursprünglich zur Ausführung steuerpflichtiger Ausgangsumsätze erbracht. Mit dem Mieterwechsel im Jahr 05 endet die steuerpflichtige Verwendung. Nach § 15a Abs. 3 UStG ist für die noch verbleibenden Jahre des 10-jährigen Berichtigungszeitraums eine Vorsteuerkorrektur vorzunehmen. Die steuerpflichtige Verwendung dauerte 3 Jahre an. Für die verbleibenden 7 Jahre ist daher folgende Vorsteuerkorrektur vorzunehmen:

EUR 9.500 × 10 % = EUR 950 Korrekturvolumen p.a.

V muss in den Jahren 05 bis 11 jährlich EUR 950 Vorsteuern an das Finanzamt zurückführen.

Hinweis: *Für* jede *Instandhaltungsmaßnahme ist eine eigene § 15a UStG-Berichtigungsschiene zu führen. Gehen im Rahmen einer Maßnahme mehrere Gegenstände oder sonstige Leistungen in ein Wirtschaftsgut ein, dann sind diese zu einem Berichtigungsobjekt zusammenzufassen. Lässt ein Unternehmer jedes Jahr Reparaturarbeiten an seinem Gebäude durchführen, dann muss der Unternehmer die § 15a UStG-relevanten Daten für jede Investition über 10 Jahre vorhalten. Die Vorschrift ist insofern nur mit hohem Aufwand administrierbar.*

Sonstige Leistungen an einem Wirtschaftsgut nach § 15a Abs. 3 UStG

▬▬ Fall 91

V aus Fall 90 hat mit der Hausreinigung seines Vermietungsobjektes die Firma Putzteufel beauftragt. Diese berechnet für ihre Dienstleistungen monatlich EUR 1.500 zzgl. EUR 285 USt. Hinsichtlich der gewerblich vermieteten Flächen hat V anteilig die Vorsteuern geltend gemacht. Muss er auch hinsichtlich dieser Dienstleistung eine Vorsteuerkorrektur vornehmen?

Nach § 15a Abs. 3 UStG werden nicht nur Gegenstände sondern auch sonstige Leistungen, die in ein Wirtschaftsgut eingehen, zur Vorsteuerkorrektur herangezogen. Voraussetzung ist, dass diese Leistungen eine eigene Werthaltigkeit über den Zeitpunkt des Leistungsbezuges hinaus entfalten. Eine solche sonstige Leistung wäre beispielsweise die Fassadenreinigung an einem Gebäude (z. B. auch zur Graffitibeseitigung). Nicht unter die Verpflichtung zur Berichtigung fallen solche Leistungen, die im Zeitpunkt des Bezuges wirtschaftlich verbraucht sind, z. B. Reinigungs- und Pflegeleistungen.

Im Fall 91 bewirkt der Mieterwechsel keine Anwendung des § 15a UStG, da die Reinigungsleistung keine Werthaltigkeit für die Zukunft hat, sondern mit der Leistungserbringung verbraucht ist. Das Treppenhaus wird in den Tagen nach der letzten Reinigung wieder verschmutzen – die Reinigungsleistung hat keinen längeren Bestand. Dagegen profitiert eine einmal gereinigte Fassade über einen längeren Zeitraum von der Reinigungsleistung, die Verschmutzung durch Schadstoffe, Staub und dergleichen wird erst nach Jahren eine erneute Reinigung erforderlich machen.

Sonstige Leistungen, die nicht an einem Wirtschaftsgut ausgeführt werden nach § 15a Abs. 4 UStG

▆▆ Fall 92

Vermieter V erbringt Vermietungsleistungen im großen Stil. Für die Verwaltung seines umfangreichen Immobilienbestandes erwirbt er die Lizenz einer Verwaltungssoftware für EUR 20.000 zzgl. EUR 3.800 USt. Entsprechend dem Vorsteuerschlüssel zum Zeitpunkt des Lizenzerwerbes macht V anteilig Vorsteuern geltend. Im Folgejahr ergeben sich Verschiebungen innerhalb des Mieterbestandes. Der Anteil der mit Umsatzsteuer vermieteten Einheiten steigt. Wirkt sich das auf die Vorsteuerabzugsberechtigung aus?

Neben der Korrektur der Vorsteuer bei sonstigen Leistungen, die in ein Wirtschaftsgut eingehen (Abs. 3), gibt es im Abs. 4 das Pendant für jene sonstigen Leistungen, die nicht an einem Wirtschaftsgut ausgeführt werden. Die Berichtigungspflicht betrifft Leistungen, wie beispielsweise Beratungsleistungen, Werbeleistungen, Computerprogramme sowie Anzahlungen bei längerfristigem Mietleasing. Die Berichtigung ist dann erforderlich, wenn die Eingangsleistung dazu führt, dass mit ihr mehrfach Einnahmen erzielt werden können. Die Berichtigung soll auf Leistungen beschränkt werden, für die in der Steuerbilanz ein Aktivierungsgebot besteht, also z. B. immaterielle Wirtschaftsgüter und Rechnungsabgrenzungsposten.

Die Anschaffung der Softwarelizenz im Fall 92 geht nicht in die vermieteten Gebäude ein. Sie dient lediglich der Unterstützung des V im Rahmen seiner Einkünfte aus VuV. V kann sich nach § 15a Abs. 4 UStG über die Vorsteuerkorrektur – entsprechend dem gestiegenen Vorsteuerschlüssel – anteilig Vorsteuern aus dem Anschaffungszeitpunkt für den restlichen Verwendungszeitraum zurückholen.

§ 15a UStG wirkt nicht nur zu Lasten, sondern auch zu Gunsten!

Nachträgliche Anschaffungs- und Herstellungskosten nach § 15a Abs. 6 UStG

■ Fall 93

Vermieter V erwirbt im Jahr 01 ein Vermietungsobjekt mit Vorsteuer. Im Jahr 04 lässt V umfassende Bauarbeiten vornehmen, die als nachträgliche Anschaffungs- und Herstellungskosten zu beurteilen sind. Auch hier fallen Vorsteuerbeträge in nennenswerter Höhe an. Wie verläuft der Berichtigungszeitraum nach § 15a UStG für die nachträglichen Anschaffungs- und Herstellungskosten?

Nach § 15a Abs. 6 UStG gilt auch für nachträgliche Anschaffungs- und Herstellungskosten ein gesonderter Berichtigungszeitraum.

V muss im Fall 93 zwei Berichtigungszeiträume beachten. Für die Vorsteuern, die aus der Anschaffung im Jahr 01 resultieren, läuft der Berichtigungszeitraum im Jahr 11 ab, während für die nachträglichen Baukosten ein extra Zeitlauf zu beachten ist. Dieser läuft von 04 bis 14. Eine Änderung des Vorsteuerschlüssels ab dem Jahr 12 würde also nur noch auf die nachträglichen Baukosten Auswirkung haben, denn der Korrekturzeitraum für die Anschaffung ist im Jahr 11 abgelaufen.

Hinweis: Eine Änderung der Verhältnisse liegt auch vor, wenn ein Wechsel zwischen Kleinunternehmerbesteuerung (§ 19 UStG) und Regelbesteuerung vorliegt. § 44 UStDV gewährt diverse Vereinfachungen bei der Berichtigung des Vorsteuerabzugs (Bagatellregelung).

■ Übersicht 7: Berichtigung des Vorsteuerabzugs nach § 15a UStG	
Vorsteuerkorrektur nach:	**Berichtigungsobjekt**
§ 15a **Abs. 1** UStG	Anlagevermögen
§ 15a **Abs. 2** UStG	Umlaufvermögen
§ 15a **Abs. 3** UStG	Gegenstände und sonstige Leistungen, die in ein Wirtschaftsgut eingehen sowie Entnahmen

§ 15a **Abs. 4** UStG	Sonstige Leistungen, die nicht in ein Wirtschaftsgut eingehen
§ 15a **Abs. 6** UStG	Nachträgliche Anschaffungs- und Herstellungskosten
§ 15a **Abs. 7** UStG	Wechsel der Besteuerungsform
§ 15a **Abs. 10** UStG	Geschäftsveräußerung

Die nicht steuerbare Geschäftsveräußerung nach § 1 Abs. 1a UStG löst keine Vorsteuerberichtigung nach § 15a UStG aus, denn der Erwerber tritt in die Rechtsposition des Verkäufers ein (siehe hierzu Lektion 08).

Wie immer, wenn eine Gesetzesvorschrift nicht eindeutig formuliert ist, behilft sich die Verwaltung mit einem erläuternden Begleittext. Auf die Neufassung des § 15a UStG hat die Verwaltung am 06.12.2005 mit einem umfassenden BMF-Schreiben mit dem Titel „§ 15a UStG-Berichtigung des Vorsteuerabzuges" von 30 (!) Seiten reagiert.

Lektion 11: Gemischte Verträge/ Verträge besonderer Art

Während die umsatzsteuerliche Beurteilung einer reinen Immobilienvermietung eindeutig ist, sind Mischfälle eher schwierig zu beurteilen.

Ein Mischfall enthält sowohl Elemente der Vermietung oder Verpachtung von Grundstücken als auch Elemente einer anderen Leistung.

Gemischte Verträge

Das UStG ist beherrscht von dem Prinzip der Unteilbarkeit der Leistung. Die Nebenleistung teilt demnach das umsatzsteuerliche Schicksal der Hauptleistung (A. 29 Abs. 5 UStR). Bei gemischten Verträgen wird dieser Grundsatz durchbrochen, die Leistung wird aufgeteilt.

▬ Fall 94

Die Rentnerin R entschließt sich aufgrund ihres fortschreitenden Alters, schwächelnder Gesundheit und nachlassender Mobilität in ein Seniorenheim zu ziehen. Sie mietet dort ein seniorengerechtes Appartement. Additiv kann sie bestimmte Serviceleistungen (z. B. Wäsche- und Reinigungsservice) nach Bedarf gegen Sonderentgelt hinzu wählen. Zusätzlich zur Nutzung ihrer eigenen Wohnung kann R die Gemeinschaftseinrichtungen (Bibliothek, Aufenthaltsräume, Räumlichkeiten für Festlichkeiten und kulturelle Veranstaltungen), die allen Bewohnern zur Verfügung stehen, nutzen.

Altenheimverträge sind in ihrem Kern Wohnungsmietverträge, wenn die Wohnungsüberlassung im Vordergrund steht. Anders verhält es sich dagegen, wenn der Schwerpunkt der vom Heim ausgeführten Leistungen auf Betreuungsleistungen liegt. Erhalten die Senioren ein umfangreiches Dienst- und Servicepaket, wie z. B. volles Verpflegungsangebot, Reinigung und Pflege der vermieteten Räume, Wäschegestellung, Hilfe bei der Freizeitgestaltung, Betreuung bei leichteren Erkrankungen sowie Leistungen der Kranken- und Altenpflege, dann liegt keine Vermietung zu Wohnzwecken vor. Es ist also stets zu klären, ob der Vermieter über die Wohnraumüberlassung hinaus Leistungen erbringt, die die eigentliche Vermietung überlagern.

Leitsatz 26

!

Gemischter Vertrag

Ein **gemischter Vertrag** (Abschn. 80 UStR) liegt vor, wenn er sowohl die Merkmale einer Vermietung als auch die Merkmale anderer Leistungen aufweist, ohne dass ein starkes Zurücktreten der Merkmale der einen oder anderen Gruppe gegeben ist. Die andere (steuerpflichtige) Leistung darf die steuerfreie Raumüberlassung also nicht überlagern. In diesem Fall ist die Leistung aufzuteilen in:

– die reine (steuerfreie) Grundstücksveräußerung gem.
  § 4 Nr. 12a UStG sowie

– die übrige (meist steuerpflichtige) Leistung.

Im Fall 94 spielt das Merkmal des Wohnens eine bedeutsame Rolle. R mietet vordergründig ein Appartement. Die Vermietungsleistung ist nicht automatisch an fest vereinbarte Fürsorgeleistungen gekoppelt, sie kann optional einzelne Zusatzleistungen freiwillig gegen Preisaufschlag hinzu wählen. Bei dieser Vertragsausgestaltung tritt das Vermietungselement eindeutig nicht hinter anderen Leistungen zurück. Im Ergebnis liegt ein gemischter Vertrag vor. Der Betreiber der Seniorenresidenz erbringt einerseits eine steuerfreie Grundstücksvermietung und andererseits steuerpflichtige Dienstleistungen. Entsprechend ist das Entgelt, das R für die diversen Leistungen bezahlt, aufzuteilen.

Exkurs:

Etwas anderes gilt für Pflegeheime. Hier überwiegt der Pflegeaspekt. Der Bewohner eines Pflegeheims ist gerade auf die Zusatzleistungen, wie krankenpflegerische Behandlung, Sozialbetreuung und Versorgung angewiesen. Die reine Grundstücksvermietung hat keine eigenständige Bedeutung. Bei Pflegeheimen ist daher keine Vermietung zu Wohnzwecken gegeben, es liegt ein sog. „Vertrag besonderer Art" vor, mit der Folge, dass die Vermietungsleistung vor der Pflegeleistung zurücktritt. In diesem Zusammenhang sei noch auf § 4 Nr. 16 Buchst. d UStG hingewiesen. Danach sind Umsätze der Altenpflegeheime steuerfrei, wenn mehr als 40 % der Leistungen Personen zugute kommen, die § 68 Abs. 1 des Bundessozialhilfegesetzes unterfallen.

Verträge besonderer Art

■■■ Fall 95

Der Golfplatzbetreiber G hat im idyllischen Mecklenburg-Vorpommern einen Golfplatz angelegt. Nach erfolgreichem Abschluss des ersten Geschäftsjahres reicht er stolz seine Steuererklärung beim Finanzamt ein. Auf die Abgabe einer Umsatzsteuererklärung verzichtet er. G vertritt die Auffassung, dass seine Leistung gegenüber den Golfspielern in der Vermietung des Golfplatzes bestünde und die Vermietung von Grundstücken sei bekanntermaßen nach § 4 Nr. 12a UStG von der Umsatzsteuer befreit. Wie wird das Finanzamt reagieren?

Dienstleistungen, die mit der Ausübung von Sport zusammen hängen, sind in ihrer Gesamtheit zu würdigen. Das Betreiben eines Golfplatzes umfasst nicht nur das passive Zurverfügungstellen des Geländes, sondern eine Vielzahl von damit einhergehenden Tätigkeiten, wie Verwaltung, Unterhalten und Pflege der Anlage, ggf. Vermietung zusätzlicher Anlagen (Abschlagplätze) usw. Ausschlaggebend ist nicht die Grundstücksüberlassung sondern das gesamte Leistungsbündel. Weiterhin spielt die zeitliche Komponente eine Rolle. Die Dauer der Grundstücksnutzung durch den Spieler wird im Rahmen des Nutzungsvertrages beschränkt sein.

Im Fall 95 ist von einer einheitlichen Dienstleistung auszugehen (Abschn. 29 UStR). Es liegt ein sog. „Vertrag besonderer Art" vor. Bei Verträgen besonderer Art (Abschn. 81 UStR) tritt die Steuerbefreiung für die Grundstücksüberlassung zurück. Der zusätzliche Leistungsbestandteil prägt das gesamte Rechtsverhältnis. G erbringt über die eigentliche Vermietungsleistung hinaus Leistungen, die die Überlassung des Golfplatzgeländes überlagern und für die Nutzer von besonderer Bedeutung sind, dass sie das Vertragsverhältnis wesentlich prägen. Das Vertragsverhältnis stellt ein einheitliches unteilbares Ganzes dar. Daher kommt in diesem Fall die Steuerbefreiung nach § 4 Nr. 12a UStG nicht in Betracht. Das Entgelt des Golfspielers ist steuerbar und mangels Befreiung steuerpflichtig.

Seit dem sog. Sportstättenurteil des Bundesfinanzhofes vom 31.05.2001 fällt die Überlassung von Sportanlagen nicht unter die Steuerbefreiung nach § 4 Nr. 12 Buchst. a UStG. Das war früher anders. Vorher wurden solche Verträge als gemischte Verträge beurteilt (siehe oben) Der BFH hat seine Rechtsprechung in diesem Punkt geändert.

▪ Fall 96

Das Gebäude der Berliner Filiale Aal & Zucker grenzt mit seiner Hauswand an eine von Fußgängern und Autofahrern stark frequentierte Straße. Die Schnellimbisskette „McKlopps", die aktuell mit einer Werbekampagne ihre neueste Fleischkloppsvariante bewirbt, mietet die Wandfläche, um dort großflächig ihre Werbeplakate anzukleben. Wie ist diese Leistung umsatzsteuerlich zu beurteilen?

Wird eine Vermietungsleistung zur Nebenleistung einer anderen wesentlicheren Leistung, dann teilt die Vermietung das Schicksal dieser Hauptleistung. Überlässt ein Hausbesitzer die Außenwand seines Gebäudes für Reklamezwecke, dann überwiegt die Duldung der Werbenutzung.

Im Fall 96 besteht die Hauptleistung darin, dass Aal & Zucker die Nutzung der Hauswand für Werbezwecke von McKlopps duldet. Dass hierfür eine Immobilie genutzt wird, ist nebensächlich. Die Grundstücksüberlassung tritt hinter der Duldung der Werbemaßnahme zurück. Zwischen Aal & Zucker und McKlopps liegt ein Vertrag besonderer Art vor, eine steuerfreie Grundstücksvermietung kommt nicht in Betracht. Damit unterliegt das gesamte Vermietungsentgelt der Umsatzsteuer.

Übersicht 8: Gemischter Vertrag und Vertrag besonderer Art		
	Gemischter Vertrag (A 80 UStR)	**Vertrag besonderer Art (A. 81 UStR)**
Merkmal	Die Vermietungsleistung wird nicht durch die zusätzliche Leistung überlagert.	Die Grundstücksvermietung verliert an Bedeutung. Die zusätzliche Leistung überlagert die Vermietung.
Folge	Aufteilung der Leistung in steuerfreie Vermietungsleistung und steuerpflichtige zusätzliche sonstige Leistung	Keine Steuerbefreiung nach § 4 Nr. 12a UStG.
Beispiel	Altenheimvertrag	Pflegeheimvertrag

III.   Weitere Steuern

Lektion 12: Gewerbesteuer

Der GewSt unterliegt jeder inländische Gewerbebetrieb.
§ 2 Abs. 1 Satz 2 GewStG schlägt die Brücke zum EStG. Wer gewerbliche Einkünfte nach § 15 EStG erzielt, begründet zwangsläufig eine Steuerpflicht nach dem GewStG.

Leitsatz 27

Berechnung der Gewerbesteuer

	§ 7 GewStG:	Gewinn nach EStG
+	§ 8 GewStG:	Hinzurechnungen
./.	§ 9 GewStG:	Kürzungen
=	§ 7 GewStG:	maßgebender Gewerbeertrag
./.	§ 10a GewStG:	Gewerbeverlust (aus Vorjahren)
=	§ 11 Abs. 1 GewStG:	Gewerbeertrag abgerundet auf volle 100 Euro
./.	§ 11 Abs. 1 GewStG:	Freibetrag
=		verbleibender Betrag
x	§ 11 Abs. 2 GewStG:	Steuermesszahl
=		Steuermessbetrag
x	§ 16 GewStG	Hebesatz
=		Gewerbesteuer

Zum Betriebsvermögen gehörender Grundbesitz

▆▆▆ Fall 97

Zum Betriebsvermögen der Gummibärchenfabrik Horiba GmbH gehört ein Produktionsgebäude. Der Einheitswert der Immobilie beträgt EUR 200.000. Wie wirkt sich dieser Umstand auf die GewSt aus?

Nach § 9 Nr. 1 Satz 1 GewStG können immobilienbesitzende Gewerbebetriebe, die das Grundstück dem Betriebsvermögen zugeordnet haben, eine Kürzung beanspruchen. Danach ist eine Kürzung um 1,2 % des maßgeblichen Einheitswertes auf den letzten Feststellungszeitpunkt statthaft. Das ist aber nicht die ganze Wahrheit. Zusätzlich muss man wissen, dass der Einheitswert nicht in seiner absoluten Größe in die Berechnung eingeht, sondern mit 140 % anzusetzen ist. Das steht nun wiederum im § 121a BewG.

> Für Zwecke der Gewerbesteuer sind die auf den Werteverhältnissen zum 01.01.1964 beruhenden Einheitswerte mit 140 % anzusetzen.

Mit dieser Kürzung soll eine Doppelbelastung mit Grundsteuer und Gewerbesteuer vermieden werden, denn wer ein Grundstück, das nicht im Betriebsvermögen sondern im Privatvermögen liegt, vermietet, erzielt Einkünfte nach § 21 EStG und ist nicht gewerbesteuerpflichtig. In diesem Fall fällt nur Grundsteuer an.

Im Fall 97 ermittelt sich die Kürzung nach § 9 Nr. 1 Satz 1 GewStG wie folgt:

Einheitswert EUR 200.000 × 140 % × 1,2 % = EUR 3.360. Die Horiba GmbH kann in ihrer Gewerbesteuererklärung eine Kürzung in Höhe von EUR 3.360 geltend machen.

Fall 98

Wie würde die Berechnung aussehen, wenn das Grundstück aus Fall 97 im Beitrittsgebiet belegen wäre und sich der Einheitswert auf den 01.01.1935 auf EUR 70.000 beliefe?

Wie nachstehend in Lektion 13 ausgeführt wird, gilt im Beitrittsgebiet der Einheitswert auf den 01.01.1935 (§ 129 BewG). Auch dieser Einheitswert wird für die Gewerbsteuer angepasst (§ 133 BewG).

Für Zwecke der Gewerbesteuer sind im Beitrittsgebiet die auf den Werteverhältnissen zum 01.01.1935 beruhenden Einheitswerte folgendermaßen anzusetzen:

– bei Mietwohngrundstücken mit 100 %,

– bei Geschäftsgrundstücken mit 400 %,

– bei gemischt genutzten Grundstücken, Einfamilienhäusern und sonstigen bebauten Grundstücken mit 250 % sowie

– bei unbebauten Grundstücken mit 600 %.

Die Berechnung im Fall 98 stellt sich demnach wie folgt dar:

Einheitswert EUR 70.000 × 400 % × 1,2 % = EUR 3.360. Der Einheitswert auf den 01.01.1935 muss naturgemäß erheblich niedriger ausfallen als der Einheitswert auf den 01.01.1964. Diese Diskrepanz wird durch die Prozentsätze im § 133 BewG auf ein annähernd gleiches Niveau gehoben. Idealerweise ergibt sich dann für vergleichbare Grundstücke aus den alten und neuen Bundesländern der gleiche Kürzungsbetrag. Die GmbH kann in ihrer Gewerbesteuererklärung eine Kürzung in Höhe von EUR 3.360 geltend machen.

Erweiterte Kürzung bei Grundstücksunternehmen

Fall 99

Die Grundstücksverwaltungs GmbH & Co. KG verwaltet ihren gesellschaftseigenen Immobilienbesitz. Ihr Gesellschaftsvermögen besteht in einem Einkaufszentrum. Die KG erzielt Einnahmen aus der Vermietung der Geschäftslokale an verschiedenartige Händler. Eigentlich betreibt die KG Vermögensverwaltung. Warum wird sie dann zur GewSt heran gezogen?

Für die Gewerbesteuerpflicht ist die einkommensteuerliche Einordnung maßgeblich. Gewerbliche Einkünfte nach § 15 EStG erzielt auch eine Personengesellschaft, die keine der im § 15 Abs. 1 EStG genannten Betätigungen ausübt. Nach § 15 Abs. 3 Nr. 2 EStG liegt bei einer GmbH & Co. KG eine gewerblich geprägte Personengesellschaft vor, wenn die geschäftsführende GmbH der alleinige Komplementär ist.

Obwohl die KG eine vermögensverwaltende Tätigkeit ausübt, ist sie als gewerblich geprägte Personengesellschaft zu klassifizieren. Sie erzielt gewerbliche Einkünfte im Sinne des EStG und wird daher zur GewSt heran gezogen.

▇▇ Fall 100

Der Einheitswert des Einkaufszentrums der KG aus Fall 99 beläuft sich auf EUR 400.000. Die Gesellschaft erzielte einen Gewinn aus der Verwaltung des Einkaufszentrums in Höhe von EUR 50.000. Das Ergebnis setzt sich folgendermaßen zusammen:

Mieterträge	EUR	100.000
+ Zinserträge	EUR	10.000
./. Betriebs- und Verwaltungskosten	EUR	60.000
= Gewinn	EUR	50.000

Welche Möglichkeiten der Kürzung des Gewerbertrages gibt es?

Unternehmen, die ausschließlich eigenen Grundbesitz verwalten, können alternativ zu der Kürzung nach § 9 Nr. 1 Satz 1 GewStG auch die Kürzung nach § 9 Nr. 1 Satz 2 GewStG beanspruchen. Hintergrund dieser Vorschrift ist, dass Unternehmen, die nur der Rechtsform wegen gewerbliche Einkünfte erzielen, mit jenen vermögensverwaltenden Unternehmen gleichgestellt werden sollen, die keine gewerblichen Einkünfte (sondern Einkünfte aus Vermietung und Verpachtung) erzielen. Neben dem Grundbesitz verwaltetes eigenes Kapitalvermögen ist unschädlich.

Der Gewinn der KG im Fall 100 ist um die erwirtschafteten Zinserträge zu bereinigen, denn diese resultieren aus der Verwaltung von Kapitalvermögen, nicht von Grundbesitz. Der Gewerbeertrag, der aus der Verwaltung des Grundbesitzes resultiert, errechnet sich wie folgt:

Mieterträge	EUR	100.000
./. Betriebs- und Verwaltungskosten	EUR	60.000
= Gewinn	EUR	40.000

Von dem Gewerbeertrag in Höhe von EUR 50.000 kann die KG einen Kürzungsbetrag nach § 9 Nr. 1 Satz 2 GewStG in Höhe von EUR 40.000 in ihre Gewerbesteuererklärung eintragen.

Dagegen steht die Kürzungsmöglichkeit nach § 9 Nr. 1 Satz 1 GewStG:

EUR 400.000 × 140% × 1,2% = EUR 6.720. Offensichtlich ist die Kürzung nach Satz 2 vorteilhafter, denn EUR 40.000 > EUR 6.720.

Lektion 13: Die Bewertung der Immobilien

Immobilien müssen für die unterschiedlichen steuerlichen Anwendungs-gebiete einer Bewertung unterzogen werden. Im Ertragsteuerrecht erfolgt die Bewertung grundsätzlich zu den tatsächlichen Anschaffungs- bzw. Herstellungskosten. Das ist ja noch einfach, diese Daten können dem Rechnungswesen entnommen werden.

Daneben gibt es Anwendungsfälle, in denen ermittelt die Finanzverwal-tung Werte nach standardisierten Verfahren. Würde man sich vorstellen, dass die Bewertungsstelle des Finanzamtes in einem Bürohaus unter-gebracht ist, dann könnte die räumliche Aufteilung folgendermaßen aussehen. In der oberen Etage sitzen die Beamten mit der längsten Dienstzugehörigkeit. Die kennen sich noch mit der Einheitsbewertung seit 1935 bzw. 1964 aus. In der unteren Etage arbeiten die jüngeren Mitarbeiter, die die Grundbesitzbewertung beherrschen.

Einheitswert

Die Einheitsbewertung ist ein auslaufendes Rechtsgebiet. Der Ein-heitswert hat über das Jahr 1996 hinaus nur noch Bedeutung für die Gewerbesteuer und die Grundsteuer. In der Vergangenheit hat er bei der ab 1997 nicht mehr erhobenen Vermögensteuer sowie bei der Immobili-enbewertung für die Zwecke der Erbschafts- und Schenkungsteuer und Grunderwerbsteuer eine Rolle gespielt. Der Einheitswert für den Grund-besitz wird für die Erbschafts- und Schenkungssteuer ab 01.01.1996 und die Grunderwerbsteuer ab 01.01.1997 nicht mehr angewendet. Er wird ersetzt durch den gemeinen Wert bzw. den Grundbesitzwert.

Einheitswerte werden für inländischen Grundbesitz festgestellt. Was ist Grundbesitz? Nach § 19 Abs. 1 BewG zerfällt Grundbesitz in drei Unterbegriffe:

– Grundbesitz für Betriebe der Land- und Forstwirtschaft

– Grundstücke
– Betriebsgrundstücke.

Die Einheitswertermittlung erfolgt nach dem Sachwertverfahren oder dem Ertragswertverfahren.

Einheitswerte werden nicht jedes Jahr neu festgestellt, sondern nur zu sog. Hauptfeststellungszeitpunkten. Jedoch wurde in Deutschland seit 1964 nie mehr eine Neubewertung der Grundstücke vorgenommen. Daher werden auch heute noch die Einheitswerte nach den Werteverhältnissen auf den 01.01.1964 ermittelt.

Leitsatz 28

Einheitswert

Der Einheitswert ist der gemeine Wert (Verkehrswert) zum 01.01.1964 (Ausnahme Beitrittsgebiet: 01.01.1935).

Unbebaute Grundstücke

■■■ Fall 101

Familie F erwirbt ein 800 qm großes unbebautes Grundstück im Berliner Speckgürtel, um dieses zu einem späteren Zeitpunkt mit einem Einfamilienhaus zu bebauen. Nach Erwerb erkundigt sich Frau F beim Finanzamt nach dem Einheitswert.

Unbebaute Grundstücke des Grundvermögens sind im § 72 BewG definiert. Unbebaute Grundstücke sind Grundstücke, auf denen sich keine benutzbaren Gebäude befinden. Wer hätte das gedacht, Steuerrecht kann manchmal so schlicht sein.

Der gemeine Wert auf den 01.01.1964 für das Grundstück im Fall 101 ermittelt sich folgendermaßen:

Leitsatz 29

Einheitswertermittlung für unbebaute Grundstücke

qm-Preis auf den 01.01.1964 lt. Richtwertkarte

× Grundstücksgröße

= Bodenwert

+ evtl. vorhandene Außenanlagen (z. B. Umzäunung)

= gemeiner Wert

Abrundung auf volle 100 DM

= Einheitswert

Nach § 30 BewG wird der Einheitswert in Deutscher Mark ermittelt. Er ist auf volle DM 100 abzurunden und erst danach auf glatte Euro umzurechnen.

Der Quadratmeterpreis auf den 01.01.1964 ist der Bodenrichtwertkartei zu entnehmen. Er soll für das Grundstück der Familie F im Fall 101 15 DM/qm betragen. Der Einheitswert beträgt mithin 15 DM/qm × 800 qm = 12.000 DM.

Bei der Wertermittlung sind Besonderheiten des Grundstücks zu berücksichtigen. Folgende Faktoren beeinflussen den Wert zusätzlich:

- Eckgrundstück
- Vorder-und Hinterland
- Zuschnitt
- Oberflächenbeschaffenheit
- Baugrund.

Wie sich diese Besonderheiten auf den Einheitswert rechnerisch auswirken, ist ausführlich in A 7–13 BewRGr erläutert.

Bebaute Grundstücke

 **Fall 102**

Familie F aus Fall 101 hat in der Zwischenzeit ein Einfamilienhaus mit einer Wohnfläche von 116 qm errichtet.

Bebaute Grundstücke sind Grundstücke, auf denen sich benutzbare Gebäude befinden (§ 74 BewG). Für die Bewertung bebauter Grundstücke ist es entscheidend, das Gebäude der richtigen Grundstücksart zuzuordnen. § 75 BewG enthält eine Aufzählung der sechs Arten von bebauten Grundstücken:

– § 75 Abs. 2 BewG: Mietwohngrundstücke
– § 75 Abs. 3 BewG: Geschäftsgrundstücke
– § 75 Abs. 4 BewG: gemischtgenutzte Grundstücke
– § 75 Abs. 5 BewG: Einfamilienhäuser
– § 75 Abs. 6 BewG: Zweifamilienhäuser
– § 75 Abs. 7 BewG: Sonstige Grundstücke

Aus der Einstufung in die Gebäudeart leitet sich die Bewertung ab.

Es gibt zwei Verfahren für die Ermittlung des Einheitswertes. Das Grundverfahren ist das Ertragswertverfahren nach §§ 78 ff BewG. Es gilt für alle Grundstücksarten, bis auf die sonstigen Grundstücke.

Leitsatz 30

Einheitswertermittlung für bebaute Grundstücke nach dem Ertragswertverfahren (vereinfachtes Schema)

Jahresrohmiete brutto kalt (Wertverhältnisse 1964)

× Vervielfältiger

= Grundstückswert

+ Zuschläge ./. Abschläge bei werterhöhenden oder -mindernden Umständen

= gemeiner Wert

Abrundung auf volle DM

= Einheitswert

Es darf jedoch ein sog. Mindestwert nicht unterschritten werden. Der für ein bebautes Grundstück anzusetzende Wert darf nicht geringer sein als 50 % des Wertes, mit dem der Grund und Boden allein als unbebautes Grundstück zu bewerten wäre (§ 77 BewG).

Ertragswertverfahren

Im Fall 102 ist die Grundstücksart „Einfamilienhaus" nach dem Ertragswertverfahren zu bewerten. Das Gebäude war am 01.01.1964 noch nicht errichtet. Deshalb sind für die Ermittlung der Jahresrohmiete Vergleichswerte – entsprechend dem Mietgefüge von 1964 – heran zu ziehen. Die Finanzverwaltung veröffentlicht diese Wertansätze in entsprechenden Rundverfügungen. Für das Einfamilienhaus der Familie F wurde eine Miete von 3,90 DM/qm ermittelt.

Ermittlung der Jahresrohmiete:
116 qm × 3,90 DM/qm × 12 Monate = 5.428,80 DM

Bestimmung des Vervielfältigers:
Der Vervielfältiger kann in den Anlagen 3 – 8 zum BewG abgelesen werden. Für jede Gebäudeart gibt es eine Tabelle, bei Einfamilienhäusern ist es Anlage 7. Der Vervielfältiger wird durch diverse Komponenten bestimmt, wie Gemeindegrößenzahl, Baujahr und Bauart. Der Vervielfältiger für das Berliner Grundstück leitet sich aus folgenden Daten ab:

Bauart:	Massivbauweise = Baugruppe A
Gemeindegrößenklasse von 1964:	Berlin hatte damals über 500.000 Einwohner
Baujahr:	Nachkriegsbau

Bei dieser Klassifizierung ist ein Vervielfältiger von 11,9 abzulesen.

Jahresrohmiete 5.428,28 DM × Vervielfältiger 11,9 = Grundstückswert 64.602,72 DM

Abgerundet auf volle 100 DM ergibt sich ein Einheitswert von DM 64.600, das entspricht EUR 33.029.

Sachwertverfahren

Das Sachwertverfahren nach §§ 83 ff BewG findet Anwendung für die Grundstücksart „Sonstige Grundstücke" sowie für Ein- und Zweifamilienhäuser mit besonderer Ausstattung. Es findet auch Anwendung, wenn die notwendigen Daten für das Ertragswertverfahren fehlen (z. B. Krankenhäuser). Der Einheitswert nach dem Sachwertverfahren setzt sich aus drei Elementen zusammen, dem Bodenwert, dem Gebäudewert und dem Wert der Außenanlagen. Der Grund und Boden wird wie bei unbebauten Grundstücken ermittelt. Das Gebäude und die Außenanlagen sind nach Baupreisverhältnissen des Jahres 1958 unter Berücksichtigung einer Wertminderung wegen Alters zu bewerten. Der so ermittelte Wert wird durch Anwendung einer Wertzahl an den gemeinen Wert angeglichen.

Besonderheiten im Beitrittsgebiet

Derzeit bestehen unterschiedliche Regelungen über die Einheitsbewertung in den alten und neuen Bundesländern. Im Beitrittsgebiet ist Bewertungsgrundlage nach wie vor die Hauptfeststellung von 1935. Das Ertragswertverfahren wird nicht 1:1 in den neuen Bundesländern angewandt. Bei Einfamilienhäusern beispielsweise wird auf Grund eines Erlasses der Finanzverwaltung stets mit dem Sachwertverfahren bewertet.

Hinweis: *Für Betriebsgrundstücke gibt es keine eigenständigen Bewertungsnormen. Diese werden – je nach Einordnung – entweder wie Grundvermögen oder wie ein land- und forstwirtschaftlicher Betrieb bewertet (§ 99 Abs. 3 BewG).*

Grundbesitzwert

Unbebaute Grundstücke

■■■ Fall 103

Das Finanzamt hat einen Steuerfall zu beurteilen, bei dem es an einer quantifizierbaren Gegenleistung mangelt. Der Steuerpflichtige erwirbt 100 % der Anteile einer GmbH. Die GmbH verfügt über ein unbebautes Grundstück von 1.000 qm im Betriebsvermögen. Es handelt sich hierbei um einen grunderwerbsteuerbaren Vorgang. Die Grunderwerbsteuerstelle des Finanzamtes ersucht deshalb die Bewertungsstelle um den Grundbesitzwert der fraglichen Immobilie.

Die Feststellung von Grundbesitzwerten für Grundstücke ist in §§ 138 ff BewG geregelt. Der Grundbesitzwert wird nur dann festgestellt, wenn dieser benötigt wird. Die Grundbesitzbewertung wird auch als Bedarfsbewertung bezeichnet. Der Begriff macht deutlich, dass der Wert „nur bei Bedarf" zu ermitteln ist.

Die Ermittlung des Grundbesitzwertes gilt:

- ab 01.01.1996 anstatt des Einheitswertes für Erbschaft- und Schenkungsteuerfälle sowie
- ab 01.01.1997 in Sonderfällen als Ersatzbemessungsgrundlage bei der Grunderwerbsteuer.

§ 145 Abs. 3 BewG regelt die Bewertung unbebauter Grundstücke des Grundvermögens. Danach bestimmt sich der Wert eines unbebauten Grundstücks nach seiner Fläche und den um 20% ermäßigten Bodenrichtwert am Besteuerungszeitpunkt. Bodenrichtwerte werden von den lokalen Gutachterausschüssen ermittelt.

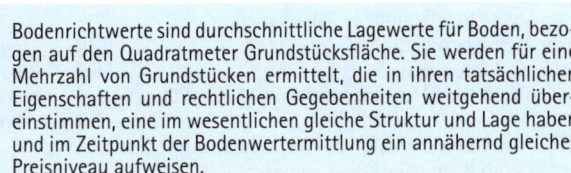

Bodenrichtwerte sind durchschnittliche Lagewerte für Boden, bezogen auf den Quadratmeter Grundstücksfläche. Sie werden für eine Mehrzahl von Grundstücken ermittelt, die in ihren tatsächlichen Eigenschaften und rechtlichen Gegebenheiten weitgehend übereinstimmen, eine im wesentlichen gleiche Struktur und Lage haben und im Zeitpunkt der Bodenwertermittlung ein annähernd gleiches Preisniveau aufweisen.

Im Fall 103 soll der Bodenrichtwert lt. Gutachterausschuss EUR 300 betragen. Die Ermittlung des Grundbesitzwertes für unbebaute Grundstücke richtet sich nach § 145 Abs. 3 BewG.

Bodenrichtwert	300 EUR/qm
× Grundstücksfläche	1.000 qm
=	EUR 300.000
abzüglich 20% Abschlag	EUR 60.000
= Grundbesitzwert	EUR 240.000

Die Grunderwerbsteuerstelle wird anhand des Grundbesitzwertes von EUR 240.000 die GrESt erheben.

Bebaute Grundstücke

▇▇▇ Fall 104

Der Fall 103 wird nun dergestalt abgewandelt, als es sich bei der Immobilie im Vermögen der GmbH um ein 1.000 qm großes Grundstück mit aufstehendem vermieteten Mehrfamilienhaus handeln soll. Das Gebäude ist ein Neubau, der zehn Jahre vor dem Besteuerungszeitpunkt fertig gestellt wurde. Das Haus ist vermietet, die Jahresnettokaltmiete beträgt EUR 70.000. Eine Mieteinheit steht leer, diese wird für EUR 500 netto kalt über einen Makler inseriert. Die GmbH hatte wenige Monate vor der Anteilsveräußerung ein Gutachten zur Ermittlung des aktuellen Verkehrswertes in Auftrag gegeben. Der Sachverständige ermittelte einen Verkehrswert von EUR 770.000.

Bebaute Grundstücke werden nach § 146 BewG bewertet.

§ 146 Abs. 2 BewG: Jahresmiete der vermieteten Einheiten	EUR	70.000
§ 146 Abs. 3 BewG: übliche Jahresmiete für die leerstehende Einheit	EUR	6.000
= Summe Jahresmiete	EUR	76.000
§ 146 Abs. 2 BewG: multipliziert mit Vervielfältiger 12,5		× 12,5
=	EUR	950.000
§ 146 Abs. 4 BewG abzüglich Wertminderung wg. Alters 0,5 % p.a. ab Bezugsfertigkeit, maximal 25 % Zehn Jahre × 0,5 % = 5 % von EUR 950.000 =	EUR	47.500
=	EUR	902.500

§ 146 Abs. 6 BewG: der ermittelte Wert darf nicht geringer sein, als der Wert, mit dem der Grund und Boden allein als unbebautes Grundstück nach § 145 Abs. 3 BewG zu bewerten wäre.

§ 145 Abs. 3 BewG (siehe Fall 103)	EUR	240.000

Der Grundbesitzwert für den Grund und Boden liegt unter dem Wert für das bebaute Grundstück. Die Bedingung des § 146 Abs. 6 BewG ist erfüllt.

§ 146 Abs. 6 BewG deckt jene Fälle ab, in denen ein minderwertiges oder kleines Gebäude auf einem wertvollen oder großen Grundstück liegt. In diesem Fall würde die Bewertung nach § 146 BewG einen ungerechtfertigt niedrigen Grundbesitzwert ergeben, obwohl allein der Grund und Boden einen höheren Wert aufweist. In solchen Fällen werden Grundstücke wie unbebaute Grundstücke bewertet.

§ 138 Abs. 4 BewG: Weist der Steuerpflichtige nach, dass der gemeine Wert niedriger ist, als der nach § 146 Abs. 2–6 BewG ermittelte Wert, dann ist dieser anzusetzen (sog. Öffnungs- oder Escape-Klausel).

Der nachgewiesene gemeine Wert beträgt   EUR 770.000

Da der gutachterlich ermittelte gemeine Wert (EUR 770.000) unter dem nach den Vorschriften des BewG ermittelten Grundbesitzwert (EUR 902.500) liegt, ist der gemeine Wert für die Besteuerung heranzuziehen. Die Bewertungsstelle wird der Grunderwerbsteuerstelle eine Bemessungsgrundlage von EUR 770.000 mitteilen.

Hinweis: Die §§ 147 bis 150 BewG regeln die Bewertung von Sonderfällen, Erbbaurechten sowie Grundstücken im Zustand der Bebauung. Die Vorschriften zur Ermittlung der Grundbesitzwerte wurden für Anwendungsfälle ab 01.01.2007 neu geregelt. Für Besteuerungstatbestände zwischen dem 01.01.1996 bis 31.12.2006 wurde immer der Bodenrichtwert auf den 01.01.1996 angesetzt. Hinsichtlich der Jahresmiete wurde ein Durchschnittswert der vorangegangenen drei Jahre ermittelt. Dagegen ist seit 01.01.2007 auf die Verhältnisse des jeweiligen Besteuerungszeitpunktes abzustellen.

Lektion 14: Die Grundsteuer

Grundbesitz unterliegt in Deutschland grundsätzlich der Grundsteuer. Man kann sie auch als eine Art Vermögensteuer auf Grundbesitz bezeichnen. Wer über Immobilienvermögen verfügt, muss Grundsteuer zahlen.

Die Grundsteuer besteuert nicht nur den Grund und Boden, wie man der Bezeichnung nach vermuten könnte. Gebäude sowie Grund und Boden werden wertmäßig zusammen gefasst und der Grundsteuer unterworfen.

Hinweis: In den nachstehenden Ausführungen wird wiederholt auf den Einheitswert Bezug genommen. Der Einheitswert repräsentiert die Ausgangsgröße für die Berechnung der Grundsteuer. Er ermittelt sich nach den Vorschriften des Bewertungsgesetzes. Die Berechnungsmethodik wurde in Lektion 13 exkursartig erläutert. Für die Veranschaulichung der

Wirkungsweise der Grundsteuer wird die Höhe des Einheitswertes in den Fallbeispielen vorgegeben.

▮▮ Fall 105

Der Angestellte A hat vor einigen Jahren ein Einfamilienhauses erworben, welches er mit seiner Familie bewohnt. Der Einheitswert wurde mit EUR 14.000 festgestellt. Da A im Erwerbszeitpunkt nicht über ausreichende finanzielle Mittel zur Belegung des Kaufpreises verfügte, nahm er einen Kredit in Höhe von EUR 100.000 auf. Muss A Grundsteuer zahlen?

Die Grundsteuer ist eine Realsteuer, d.h. der Grundbesitz wird allein aufgrund seiner Existenz direkt belastet. Die Höhe der Grundsteuer richtet sich primär nach dem Einheitswert. Unberücksichtigt bleiben die persönlichen und wirtschaftlichen Verhältnisse des Grundstückseigentümers, wie die individuellen Besteuerungsfaktoren (z. B. Einkommenshöhe, Kinderpräferenzen) sowie wirtschaftliche Einflussgrößen, wie die Höhe der Erträge aus der Grundstücksvermietung oder die Belastung der Immobilie mit Schulden.

Obwohl der Grundbesitz des A im Fall 105 mit Schulden belastet ist, bewirkt dies keine Minderung der grundsteuerlichen Bemessungsgrundlage. A muss Grundsteuer zahlen.

Hinweis: *Bei Erwerb einer gebrauchten Immobilie übernimmt der Erwerber den Einheitswert seines Vorgängers. Der Einheitswert klebt quasi an dem Haus dran.*

▮▮ Fall 106

Der Angestellte A aus Fall 105 möchte nun wissen, wie hoch die Grundsteuer ausfällt. Er wohnt in der Gemeinde Hamburg.

Die Höhe der Grundsteuer richtet sich nicht nur nach dem Einheitswert. Durch Anwendung der Steuermesszahl (§ 15 GrStG) auf den Einheitswert wird der Steuermessbetrag errechnet (§ 13 GrStG). Auf diesen Steuermessbetrag wendet die Gemeinde ihren spezifischen Hebesatz an (§ 25 GrStG).

Leitsatz 31

Berechnungsschema Grundsteuer

Einheitswert

× Steuermesszahl (§§ 14 bzw. 15 GrStG)

= Steuermessbetrag (§ 13 GrStG)

× Hebesatz der Gemeinde (§ 25 GrStG)

= Grundsteuer

Ausweislich des Einheitswertbescheides beträgt der Einheitswert im Fall 105 für das Einfamilienhausgrundstück des A EUR 14.000. Dieser Einheitswert ist mit der Steuermesszahl (§ 15 GrStG) zu multiplizieren. Die Steuermesszahl beträgt für Einfamilienhäuser 2,6 v.T. für die ersten EUR 38.346,89 sowie 3,5 v.T. für den Rest des Einheitswertes. Der Steuermessbetrag beträgt somit EUR 36,40 (EUR 14.000 × 2,6 / 1.000). Auf diesen Steuermessbetrag ist nun der von der Gemeinde festgelegte Hebesatz anzuwenden. Die Gemeinde Hamburg erhebt einen Hebesatz von 540 %. A wird folglich mit einer Grundsteuer von jährlich EUR 196,56 belastet (EUR 36,40 × 540 %).

Fall 107

Gäbe es einen Unterschied, wenn das Grundstück des A nicht in Hamburg sondern in Rostock belegen wäre?

Das Grundsteuergesetz unterscheidet bei der Erhebung der Grundsteuer, ob es sich um ein Grundstück in den neuen oder in den alten Bundesländern handelt. In den alten Bundesländern wird der Einheitswert auf den 01.01.1964 herangezogen. In den neuen Ländern wird mangels Vorliegen flächendeckend vorhandener Einheitswerte aus Vereinfachungsgründen der Einheitswert auf den 01.01.1935 zugrunde gelegt (§ 41 GrStG). Insofern sind von § 15 GrStG abweichende Grundsteuermesszahlen anwendbar. § 41 GrStG nimmt Bezug auf die Grundsteuerdurchführungsverordnung vom 01.07.1937.

Weiterhin ist zu beachten, dass die Gemeinde Rostock im Vergleich zur Gemeinde Hamburg einen niedrigeren Hebesatz festgesetzt hat. Der Hebesatz für Rostock beträgt 420 %.

Der Einheitswert für ein vergleichbares Grundstück in Rostock könnte im Fall 107 auf den 1.1.1935 mit EUR 2.700 zu bewerten sein. Nach § 13 Abs. 1 Satz 2 GrStG ist der Steuermessbetrag durch Anwendung eines Tausendsatzes (Steuermesszahl) auf den Einheitswert zu ermitteln. Der Einheitswert von EUR 2.700 ist mit der Steuermesszahl für Grundstücke im Beitrittsgebiet (§ 41 GrStG) zu multiplizieren. Die Steuermesszahl beträgt für Einfamilienhäuser 10 v.T. Der Steuermessbetrag beträgt somit EUR 27 (EUR 2.700 × 10 / 1.000). Auf diesen Steuermessbetrag ist nun der von der Gemeinde festgelegte Hebesatz anzuwenden. Die Gemeinde Rostock erhebt einen Hebesatz von 420%. Würde das Grundstück des A in Rostock liegen, wäre es mit einer Grundsteuer von jährlich EUR 113 belastet (EUR 27 × 420%).

Es fällt auf, dass die Steuermesszahl für das Einfamilienhausgrundstück im Beitrittsgebiet (10 v.T.) erheblich höher ausfällt als für das Grundstück in den alten Bundesländern (2,6 v.T.). Diese vermeintliche Ungleichbehandlung ist dem Umstand geschuldet, dass die Einheitswerte auf den 1.1.1964 ein erheblich höheres Wertniveau aufweisen, als die 1935er Einheitswerte. Mit den unterschiedlichen Steuermesszahlen soll diese Diskrepanz abgefedert und eine gleichmäßige Grundsteuerbelastung erreicht werden. Der Bundesfinanzhof hat festgestellt, dass das durchschnittliche Niveau der Steuermessbeträge in den alten Bundesländern um ca. 25% über dem Niveau der im Beitrittsgebiet maßgeblichen Steuermessbeträge liegt.

Fall 108

A fragt sich nun, wann er die Grundsteuer bezahlen muss und an wen die Steuer zu entrichten ist? A möchte auch wissen, ob er jedes Jahr an die Zahlungsverpflichtung erinnert wird, da er sehr vergesslich ist.

Die Zahlungstermine für die Grundsteuer sind gesetzlich geregelt. Die Grundsteuer ist gem. § 28 GrStG zu je einem Viertel des Jahresbetrages am 15. Februar, 15. Mai, 15. August und 15. November fällig. A muss also 4 × im Jahr je EUR 49,14 bezahlen.

Art. 106 GG regelt die Einteilung der Steuern nach der Ertragshoheit. Das Aufkommen der Grundsteuer steht gem. Art. 106 Abs. 6 GG den Gemeinden zu. Man nennt die Grundsteuer auch eine Gemeindesteuer, weil sie in voller Höhe der hebeberechtigten Gemeinde zufließt.

Die Gemeinden bestimmen die Höhe des Hebesatzes autonom. Eine Erhöhung der Grundsteuer ist nur über den Hebesatz möglich, denn ist der Einheitswert einmal festgestellt, so bleibt diese Ausgangsgröße unveränderlich, sofern sich die Verhältnisse am Grundstück nicht ändern (z. B. durch Umbaumaßnahmen). Die Einheitswertfeststellung wird „eingefroren".

Zahlungsempfänger der Grundsteuer des A ist also die Gemeinde Hamburg. Allerdings besteht in den sog. Stadtstaaten Berlin und Hamburg eine Sonderregelung. Hier übernimmt die lokale Finanzverwaltung hinsichtlich der Grundsteuer die Funktion der Gemeinde.

Der Erhebungszeitraum für die Grundsteuer ist das Kalenderjahr. Das bedeutet aber nicht, dass die Gemeinde jedes Jahr einen neuen Grundsteuerbescheid erlässt. Gibt es keine Änderungen gegenüber dem Vorjahr, so gilt die bisher festgesetzte Grundsteuer unverändert weiter. In diesem Fall erfolgt die Festsetzung der Grundsteuer mittels öffentlicher Bekanntmachung (§ 27 Abs. 3 GrStG). Hat die Gemeinde den Hebesatz nach § 25 GrStG geändert, so ist gem. § 27 Abs. 2 GrStG eine erneute Festsetzung der Grundsteuer erforderlich.

Herr A aus Fall 108 wird also nur dann an seine Zahlungsverpflichtung schriftlich erinnert, wenn sich die Höhe der Grundsteuer ändert. Er muss grundsätzlich selbst dafür Sorge tragen, dass die Zahlungsverpflichtung nicht in Vergessenheit gerät.

Fall 109

A möchte wissen, ob er bei Nichtbezahlung der Grundsteuer mit Vollstreckungsmaßnahmen des Finanzamtes in das Grundstück rechnen muss.

Der Steuerpflichtige haftet nicht nur gem. § 11 GrStG mit seinem ganzen Vermögen für etwaige Grundsteuerschulden. Gemäß § 12 GrStG besteht eine dingliche Haftung des Grundstücks. Dem Finanzamt wird das Recht eingeräumt, sich wegen des Grundsteueranspruchs unmittelbar aus dem haftenden Grundstück zu befriedigen, ohne dass dies im Grundbuch eingetragen ist. Der Eigentümer hat die Zwangsvollstreckung in den Grundbesitz zu dulden (§ 77 Abs. 2 AO).

Wenn unser Angestellter A aus Fall 109 seiner Zahlungsverpflichtung nicht nachkommt, wird er natürlich mittels Mahnung daran erinnert.

Allerdings wird es dann teurer, denn es fallen neben der eigentlichen Grundsteuer zusätzlich Strafgelder an (Säumniszuschläge). Zahlt A dann immer noch nicht, muss er letztendlich damit rechnen, dass der Haftungsfall eintritt und das Grundstück notfalls versteigert wird.

Fall 110

Der Grundstücksnachbar des A, der Beamte B, hat sein Grundstück durch Erbbaurecht erworben. Neugierig, wie Nachbarn so sind, will A wissen, ob B auch Grundsteuer zahlen muss.

Gem. den §§ 68 und 70 BewG gilt ein Erbbaurecht auch als Grundstück. Ist ein Grundstück mit einem Erbbaurecht belastet, dann sind bewertungsrechtlich zwei Einheitswerte festzustellen. Für die Ermittlung des Steuermessbetrages (§ 13 GrStG) müssen beide Einheitswerte zusammengerechnet werden. Die Steuermesszahl (§ 15 GrStG) ist auf die Summe beider Einheitswerte anzuwenden. § 10 Abs. 2 GrStG regelt die Steuerschuldnerschaft hinsichtlich der Grundsteuer. Danach ist der Erbbauberechtigte B Schuldner der Grundsteuer. B zahlt also auch Grundsteuer.

Fall 111

A ist begeisterter Theatergänger. Als er wieder einmal im Foyer des denkmalgeschützten Theaters auf den Beginn der Vorstellung wartet, sinniert er über die Frage, wie hoch denn die Grundsteuer für solch ein imposantes Gebäude sein muss. Die Frage lässt ihm keine Ruhe. Als interessierter Bürger erkundigt er sich am folgenden Tag bei seinem Steuerberater und erhält folgende Auskunft:

Bei bestimmten Grundstücken und Gebäuden wird aus übergeordnetem öffentlichen Interesse auf die Erhebung der Grundsteuer verzichtet. § 32 Abs. 1 GrStG regelt den Erlass für Kulturgut und Grünanlagen. Unter Kulturgut versteht man Grundbesitz, der wegen seiner Bedeutung für Kunst, Geschichte, Wissenschaft oder Naturschutz erhalten werden soll. Liegt bei diesen Grundstücken der Rohertrag unter den Kosten, ist die Grundsteuer **vollumfänglich** zu erlassen. Park- und Gartenanlagen von geschichtlichem Wert müssen der Öffentlichkeit „im billigerweise zu fordernden Umfang" zugänglich gemacht werden.

Ein dauernder **Vollerlass** ist auch für öffentliche Grünanlagen, Sport- und Spielplätze vorgesehen, wenn die jährlichen Kosten den Rohertrag übersteigen.

Für Grundbesitz, in dessen Gebäuden Museen, Sammlungen oder Bibliotheken untergebracht sind, besteht bei Nachweis einer nachhaltigen Minderung des Rohertrags eine Teilerlassmöglichkeit gem. § 32 Abs. 2 GrStG.

Übertragen auf den Fall 111 bedeutet dies, dass ein vollumfänglicher Grundsteuererlass gewährt wird, sofern das Theater als Denkmal im Denkmalverzeichnis eingetragen ist und eine Unrentabilität des Grundbesitzes festzustellen ist.

▆▆ Fall 112

Vermieter V besitzt ein Mietwohnhaus. Trotz intensiver Vermietungsbemühungen stehen rund 30% der zu vermietenden Flächen leer. Kann er aus diesem Grund die Grundsteuer reduzieren?

§ 33 GrStG räumt einen Rechtsanspruch auf Erlass von Grundsteuern ein. Auf Antrag kann die Grundsteuer teilweise erlassen werden, wenn der Rohertrag des Steuergegenstandes um mehr als 20% gemindert ist. Der Rohertrag bebauter Grundstücke ist die übliche Jahresrohmiete. Ist der Rohertrag um mehr als 20% gemindert, so kann die Grundsteuer in Höhe des Prozentsatzes erlassen werden, der vier Fünftel des Prozentsatzes der Minderung entspricht. Hierbei ist jedoch zu beachten, dass der Erlass der Grundsteuer nur dann ausgesprochen werden kann, wenn der Steuerschuldner die Minderung des Rohertrages nicht zu vertreten hat. Die Ertragsminderung im Fall 112 beträgt 30%. Die Grundsteuerminderung berechnet sich wie folgt: $30\% \times 4/5 = 24\%$. Erlassen werden somit 24% der festgesetzten Grundsteuer.

Die gleiche Rechtsfolge ergibt sich, wenn das Ausbleiben der Mieterträge nicht durch mangelnde Mieternachfrage sondern durch Einstellen der Mietzahlungen des Mieters verursacht ist.

Der Erlass nach §§ 32 und 33 GrStG wird nur auf Antrag gewährt (§ 34 GrStG). Dieser ist bis zu dem auf den Erlasszeitraum folgenden 31. März zu stellen (Ausschlussfrist).

▆▆ Fall 113

Vermieter V veräußert sein Mietshaus mit Nutzen-Lasten-Wechsel zum 30.06.07. Für welchen Zeitraum muss er Grundsteuer zahlen?

Grundstücksverkäufe wirken sich erst auf den 1. Januar des Folgejahres aus. Bis dahin muss die Grundsteuer gezahlt werden, wie sie zu Beginn des Kalenderjahres festgesetzt wurde (§§ 9 und 10 GrStG). Wer am 1. Januar Eigentümer und Steuerschuldner war, schuldet die volle Jahressteuer. Abweichende privatrechtliche Vereinbarungen über die Entrichtung der Grundsteuer, die zwischen Verkäufer und Erwerber getroffen sind, haben auf die Steuerschuldnerschaft des Verkäufers keinen Einfluss.

> Steuerschuldner ist derjenige, dem der Steuergegenstand bei der Feststellung des Einheitswertes zugerechnet ist. Dies ist regelmäßig der zivilrechtliche Eigentümer, also derjenige, der im Grundbuch als Eigentümer eingetragen ist.

Unser Vermieter V aus Fall 113 übergibt das Grundstück mit Nutzen-Lastenwechsel zum 30.06.07 an den Erwerber. Am 01.01.07 war der Einheitswert demnach noch dem V zuzurechnen. Also schuldet V gegenüber der Gemeinde die gesamte Jahressteuer. Er kann aber im Kaufvertrag vereinbaren, dass der Erwerber ab Übergang des wirtschaftlichen Eigentums (Nutzen-Lastenwechsel) die Grundsteuer trägt. In diesem Fall hat V einen zivilrechtlich durchsetzbaren Anspruch auf Erstattung der Grundsteuer ab 01.07.07.

Oftmals erfolgt die Eigentumsumschreibung im Grundbuch erst Monate nach dem Verkauf. Dann kann es sogar vorkommen, dass sich der Grundbucheintrag in das Folgejahr 08 verzögert. Dies hat zur Folge, dass sich auch die anschließende Änderung der Zurechnung des Einheitswertes auf den Erwerber in das Folgejahr 08 verschiebt. In diesem Fall ist V sogar noch im Jahr 08 Schuldner der Grundsteuer, denn erst im Jahr 08 hat der Erwerber das zivilrechtliche Eigentum an dem Grundstück erlangt. Gerade bei solchen Konstellationen ist es wichtig, im Kaufvertrag eindeutige Regelungen über die Lastentragung bezüglich der Grundsteuer zu fixieren.

Lektion 15: Grunderwerbsteuer

Der Grunderwerbsteuer unterliegen alle Erwerbsvorgänge, die sich auf den Eigentumswechsel an einem inländischen Grundstück beziehen. Damit ist nicht nur der klassische Grundstückskaufvertrag gemeint. Ein

Grundstück kann auf vielfältige Weise übereignet werden. Als Erwerb im grunderwerbsteuerlichen Sinne gelten die im § 1 GrEStG genannten Erwerbsvorgänge, z. B. Tausch, Schenkung, Erbanfall, Versteigerung, Anwachsung, Einbringung, Übertragung im Rahmen von Auseinandersetzungen oder Umwandlungen.

 Ein Grundstück ist ein räumlich abgegrenzter Teil der Erdoberfläche, der im Grundbuch eine besondere Stelle hat (Rechtsprechung).

Die Grunderwerbsteuer ist eine Verkehrssteuer, die Vorgänge des Rechtsverkehrs im Zusammenhang mit Grundstückserwerben erfasst. Das Steueraufkommen steht den Ländern zu. Im Rahmen der im Jahr 2006 verabschiedeten Förderalismusreform wurde die Gesetzgebungskompetenz für die Grunderwerbsteuer auf die Länder verlagert. Als erstes Bundesland hat Berlin davon Gebrauch gemacht und die Grunderwerbsteuer ab 2007 von 3,5 % auf 4,5 % erhöht. Es ist damit zu rechnen, dass angesichts leerer Kassen weitere Bundesländer diesem Beispiel folgen werden.

Grundfall

Fall 114

Bauer B verfügt über umfangreichen Grundbesitz. Er veräußert eine Fläche von 2.000 qm an die benachbarte Gärtnerei „Mohnblume GmbH" für EUR 100.000. Der notarielle Kaufvertrag wird am 15.01.01 geschlossen. Nutzen und Lasten sollen mit der Kaufpreisbelegung auf einem Notaranderkonto am 01.03.01 übergehen. Die Grunderwerbsteuer soll die Käuferin, also die GmbH, zahlen. Der Notar zeigt dem Finanzamt den Grundstückserwerb gem. § 18 GrEStG ordnungsgemäß an. Daraufhin erlässt das Finanzamt am 30.06.01 den Grunderwerbsteuerbescheid über EUR 3.500 (3,5 % von EUR 100.000) gegenüber der GmbH. Diese begleicht die Grunderwerbsteuer pünktlich. Am 20.10.01 erfolgt die Umschreibung des Eigentümers im Grundbuch. Welcher Vorgang hat die Grunderwerbsteuer ausgelöst?

Nach § 1 Abs. 1 Nr. 1 GrEStG unterliegt der Kaufvertrag der Grunderwerbsteuer. Unabhängig davon, dass das Eigentum zu einem späteren Zeitpunkt übergeht, löst das schuldrechtliche Verpflichtungsgeschäft die Grunderwerbsteuerpflicht aus. Die Bemessungsgrundlage richtet sich nach § 8 Abs. 1 GrEStG. Danach bemisst sich die Steuer nach dem Wert der Gegenleistung. Nach § 9 Abs. 1 Nr. 1 GrEStG besteht die Gegenleistung im Kaufpreis. Nach § 11 GrEStG beträgt die GrESt 3,5%. Enthält der Kaufvertrag eine Festlegung darüber, wer die GrESt übernimmt (was üblicherweise der Fall ist), dann muss das Finanzamt dies bei Erlass des Grunderwerbsteuerbescheides beachten. Enthält der Kaufvertrag keine diesbezügliche Regelung, dann wären nach § 13 Nr. 1 GrEStG sowohl der Verkäufer als auch der Käufer Gesamtschuldner.

Im Fall 114 wurde der Kaufvertrag am 15.01.01 notariell beurkundet. Damit wird am 15.01.01 die Grunderwerbsteuer ausgelöst. Der spätere Eigentumsübergang am 01.03.01 ist unbeachtlich. Genauso unerheblich ist das Datum der Eigentumsumschreibung im Grundbuch. Bemessungsgrundlage ist der Kaufpreis von EUR 100.000. Da die Beteiligten im Kaufvertrag geregelt haben, dass die GmbH die GrESt trägt, muss das Finanzamt diese Vereinbarung beachten. Steuerschuldner ist deshalb richtigerweise die GmbH.

Auflassung ohne schuldrechtliches Verpflichtungsgeschäft

▬▬ Fall 115

Die Mohnblume GmbH erhält aus einem Schadensersatzprozess, der für sie positiv entschieden wurde, als Schadensersatzanspruch ein Grundstück. Wie ist dieser Fall grunderwerbsteuerlich zu werten?

Ein Immobilienerwerb vollzieht sich zivilrechtlich in zwei Stufen:

1. Stufe: Kaufvertrag (schuldrechtliches Geschäft)
2. Stufe: Auflassung (dingliches Geschäft)

Ist die erste Stufe nicht erfüllt - liegt also ein Kaufvertrag nicht vor - dann soll hilfsweise die Auflassung nach § 1 Abs. 1 Nr. 2 GrEStG die Grunderwerbsteuerpflicht begründen.

Der Übereignung des Schadensersatzanspruchs in Form eines Grundstücks ist kein Verpflichtungsgeschäft im Sinne von § 1 Abs. 1 Nr. 1 GrEStG vorausgegangen. In diesem Fall 115 löst die Auflassung – also der tatsächliche Eigentumsübergang – die Grunderwerbsteuerpflicht aus.

Bemessungsgrundlage

▰▰ Fall 116

Rentner R verkauft sein Einfamilienhaus an das Ehepaar E. Im Haus ist auch eine Sauna enthalten. Von dem Gesamtkaufpreis i.H.v. EUR 200.000 entfallen EUR 15.000 auf die Sauna. Wie hoch ist die grunderwerbsteuerliche Bemessungsgrundlage?

Nach § 8 Abs. 1 GrEStG bemisst sich die Steuer nach dem Wert der Gegenleistung. Worin besteht die Gegenleistung bei einem Grundstück? § 2 GrEStG definiert den Umfang eines Grundstückes. Danach sind u.a. Maschinen und Betriebsvorrichtungen nicht zum Grundstück gehörig. Einbauten in einem Haus sind nur dann als Gebäudebestandteil anzusehen, wenn sie nicht aus dem Haus herausgelöst werden können, ohne dass das Gebäude dabei bautechnisch wesentlich verändert wird. Eine Duschkabine beispielsweise, deren Rahmen fest mit dem Mauerwerk verbunden ist, gilt als Teil des Gebäudes. Eine Vereinbarung über mitverkaufte bewegliche Gegenstände, Zubehör und Inventar, wie beispielsweise eine Einbauküche, eine Sauna, Gartenmöbel oder das Heizöl im Tank sind nicht grunderwerbsteuerrelevant. Allerdings müssen die mitverkauften Gegenstände und die hierauf entfallenden Kaufpreise im Kaufvertrag ausgewiesen werden, damit sich der reine Grundstückspreis zweifelsfrei herleiten lässt.

Das Ehepaar E wird im Fall 116 mit einer Bemessungsgrundlage von EUR 185.000 zur Grunderwerbsteuer herangezogen. Sofern die Sauna demontierbar ist, handelt es sich dabei nicht um einen Gebäudebestandteil.

Symbolischer Kaufpreis

▰▰ Fall 117

Verkäufer V besitzt ein unter Denkmalschutz gestelltes altes Gastwirtschaftsgebäude. Seit Jahren versucht er, die Immobilie zu veräußern. Bisher waren alle Verkaufsversuche gescheitert, da die Kaufinteressenten die aufwändige Sanierung unter der Aufsicht der Denkmalschutzbehörde scheuten. Letztendlich bietet er das Grundstück völlig entnervt zu einem ideellen Kaufpreis von EUR 1,00 an, obwohl ihm bewusst ist, dass er die Immobilie damit unter Wert verkauft. Mit dem Erwerber E schließt er einen notariellen Kaufvertrag über das Grundstück mit dem aufstehenden

Gebäudekomplex zu EUR 1,00 ab. Wie hoch ist die Bemessungsgrundlage zur GrESt?

Nach § 8 Abs. 1 GrEStG bemisst sich die Grunderwerbsteuer nach dem Wert der Gegenleistung. Bei einem Kaufvertrag ist die Bemessungsgrundlage daher regelmäßig der Kaufpreis. Etwas anderes gilt aber, wenn in Wirklichkeit gar kein Kaufpreis vorliegt, sondern der Kaufpreis lediglich symbolische Bedeutung hat. Ein symbolischer Kaufpreis wird angenommen, wenn der im Kaufvertrag ausgewiesene Kaufpreis in einem krassen Missverhältnis zum tatsächlichen Wert des Grundstücks steht. Ist der vereinbarte Betrag nicht als ernsthaft vereinbarte Gegenleistung anzusehen, dann bemisst sich die Grunderwerbsteuer gem. § 8 Abs. 2 Satz 1 Nr. 1 GrEStG nach dem Grundbesitzwert gemäß §§ 138ff BewG (siehe Lektion 13).

Leitsatz 32

!

Bemessungsgrundlage bei Vereinbarung eines symbolischen Kaufpreises

Der Grundsatz, dass sich die GrESt nach dem Wert der Gegenleistung bemisst, gilt nicht, wenn die Vertragsparteien lediglich einen symbolischen Kaufpreis vereinbart haben. In solchen Fällen bemisst sich die Grunderwerbsteuer nach dem aus §§ 138 ff BewG ergebenden Grundbesitzwert.

Der im Fall 117 vereinbarte EUR 1,00 kann kein ernsthaft vereinbarter Kaufpreis sein. Das Gasthofgrundstück verfügt über einen positiven Wert aus dem mitverkauften Grund und Boden. Auch die Tatsache, dass die aufstehenden Gebäude sanierungsbedürftig sind, begründet keine Minderung des Grundstückswertes. E hat mit Erwerb der Immobilie keine besonderen Verpflichtungen im grunderwerbsteuerlichen Sinne übernommen, die über die normalen Erhaltungspflichten für ein denkmalgeschütztes Objekt hinaus gehen. Die Vertragsparteien waren sich einig, dass der Kaufpreis von EUR 1,00 nicht dem tatsächlichen Wert entspricht, sondern nur symbolische Bedeutung besitzt. Der Ansatz des Kaufpreises erfolgte willkürlich, daher ist er nicht als maßgebliche Gegenleistung anzusehen. Die Grunderwerbsteuer bemisst sich gemäß § 8 Abs. 2 GrEStG nach dem Grundbesitzwert im Sinne der §§ 138ff BewG. Es macht also keinen Sinn, realitätsferne Kaufpreise zu beurkunden, da diese für Grunderwerbsteuerzwecke unbeachtlich sind.

Hinweis: *Der Feststellungsbescheid über den Grundbesitzwert nach §§ 138ff BewG entfaltet Bindungswirkung für die Grunderwerbsteuerveranlagung. Er ist ein sog. Grundlagenbescheid im Sinne von § 171 Abs. 10 AO.*

Bemessungsgrundlage bei Übernahme einer Investitionsgarantie

▬▬ Fall 118

Das Land Brandenburg ist reich an alten verfallenen Schlössern und Gutshäusern. Da die öffentlichen Kassen chronisch klamm sind, bietet das Land die Ländereien potentiellen Investoren zu einem symbolischen Kaufpreis von EUR 1,00 an. Allerdings ist dieses Angebot an die Auflage gekoppelt, die Immobilie zu sanieren und einer der Öffentlichkeit zugänglichen Nutzung zuzuführen. Die Hotelgruppe Norahotel interessiert sich für ein bezauberndes Schlösschen in der Schorfheide. Der Komplex ist an einem See unweit eines beliebten Jagdreviers belegen. Norahotel legt dem Land Brandenburg ein schlüssiges Investitionskonzept vor. Danach soll die Bausubstanz nach allen Regeln der Baukunst behutsam restauriert und das Gebäude anschließend als Wellnesshotel betrieben werden. Die Investitionskosten werden auf EUR 10 Mio veranschlagt. Der nachfolgend beurkundete Kaufvertrag weist folgende Konditionen aus:

Der Kaufpreis von EUR 1,00 wird ausdrücklich als symbolischer Kaufpreis benannt.

Zusätzlich verpflichtet sich Norahotel, den Gebäudekomplex – unter Bezugnahme auf das mit dem Land Brandenburg abgestimmte Investitionskonzept - mit einem Investitionsvolumen von EUR 10 Mio zu sanieren.

Wie hoch ist die Bemessungsgrundlage für die Grunderwerbsteuer?

Bei Grundstückskaufverträgen, bei denen nur ein symbolischer Kaufpreis vereinbart ist, weil der Erwerber zugleich verpflichtet wird, bestimmte Investitionen zu tätigen, richtet sich die Bemessungsgrundlage nach dem Wert der Gegenleistung (§ 8 Abs. 1 GrEStG). Als Gegenleistung gilt nach

§ 9 Abs. 1 Nr. 1 GrEStG neben dem Kaufpreis auch die übernommene sonstige Leistung. Diese sonstige Leistung ist dann Teil der Gegenleistung, wenn sie nach dem Willen der Vertragspartner zum Gegenstand des Erwerbsvorgangs gemacht wurde.

Leitsatz 33

!

Bemessungsgrundlage bei Übernahme einer Investitionsgarantie

Wurde mit der Grundstücksübertragung eine Investitionsgarantie übernommen, so bemisst sich die GrESt nach dem Wert der Gegenleistung (§ 8 Abs. 1 GrEStG).

Der symbolische Kaufpreis im Fall 118 hat keinen Gegenleistungscharakter. Mit dem Kaufvertrag wurde der Erwerber ausdrücklich verpflichtet, neben dem Kaufpreis von EUR 1,00 eine zusätzliche Gegenleistung von EUR 10 Mio zu erbringen. Die Gesamtgegenleistung beträgt damit EUR 10.000.001,00, denn diesen Betrag wendet Norahotel auf, um das Grundstück zu erhalten.

Tausch

Fall 119

Der 75-jährige Horst H und der 25-jährige David D besitzen je eine Eigentumswohnung im selben Mehrfamilienhaus. Horst hat vor über 20 Jahren die Dachgeschosswohnung gekauft. Leider verfügt das Haus über keinen Fahrstuhl. Mit den Jahren fällt Horst das Treppensteigen immer schwerer. Am liebsten würde er in eine Wohnung zu ebener Erde ziehen. Bei einem nachbarschaftlichen Plausch im Treppenhaus klagt er dem parterre wohnenden David sein Leid. David, der schon immer davon geträumt hat, über den Dächern der Stadt zu wohnen, schlägt einen Wohnungstausch vor. Die Dachgeschosswohnung des H besitzt einen höheren Wert als die Wohnung im Erdgeschoss. Die Verkehrswerte betragen im Dachgeschoss EUR 150.000 und Parterre EUR 120.000. Obwohl es David finanziell nicht möglich ist, den Minderwert seiner Wohnung durch eine Ausgleichszahlung auf den Wert der empfangenen Dachgeschosswohnung aufzufüllen, willigt H in den Tausch ein. Der Vorteil, so unproblematisch zu einer behindertengerechten Wohnung zu kommen, ist es ihm wert, auf die Vermögensdifferenz i.H.v. EUR 30.000 zu verzichten.

Ein Tauschvertrag unterliegt nach § 1 Abs. 1 Nr. 1 GrEStG der Grunderwerbsteuer. Nach § 1 Abs. 5 GrEStG liegen hier zwei Erwerbsvorgänge
vor, die jeweils für sich zu beurteilen sind. Die Steuer ist für jede Tausch-
leistung gesondert zu berechnen, denn es liegen zwei Grundstücksum-
sätze und damit zwei Grunderwerbsteuerfälle vor. Die Gegenleistung
repräsentiert nach § 9 Abs. 1 Nr. 2 GrEStG der Verkehrswert des hinge-
gebenen Grundstücks.

> Beim Tausch ist Gegenleistung für den erworbenen Tauschgegen-
> stand die hingegebene Tauschleistung einschließlich einer evtl.
> vereinbarten zusätzlichen Leistung.

Im Fall 119 wurden zwei Besteuerungstatbestände ausgelöst. H hat,
um die Erdgeschosswohnung zu bekommen, als Gegenleistung seine
Wohnung im Wert von EUR 150.000 hingegeben. Er muss somit Grunderwerbsteuer auf EUR 150.000 entrichten. Dass er tatsächlich nur eine
Wohnung für EUR 120.000 erhält, ist ohne Bedeutung. Für D ist spiegelbildlich eine Bemessungsgrundlage von EUR 120.000 für den Erwerb der
Dachgeschosswohnung einzustellen.

Tausch mit Zuzahlung

Fall 120

Der Fall 119 wird nun um eine Zuzahlung ergänzt. D gleicht den Minderwert seiner hingetauschten Wohnung – zumindest zum Teil – bar aus.
Er leistet an H eine Zahlung in Höhe von EUR 20.000. Wie ermitteln sich
jetzt die Bemessungsgrundlagen für beide Erwerbsvorgänge?

Wird bei einem Grundstückstausch eine Zuzahlung geleistet, dann gilt
auch die vereinbarte zusätzliche Leistung als Gegenleistung. Bei der
Errechnung der Gegenleistung für das weniger wertvolle Grundstück ist
der Wert des wertvolleren Grundstücks in dem Verhältnis aufzuteilen, in
dem der Wert des minderwertigeren Grundstücks zur Zahlung steht.

D gibt das minderwertigere Grundstück und leistet eine Zuzahlung
von EUR 20.000. Seine weniger wertvolle Erdgeschosswohnung bildet
zusammen mit der Barzahlung die Gegenleistung für den Erwerb der
höherwertigen Dachgeschosswohnung. Damit ermittelt sich die Gegenleistung für D wie folgt:

Verkehrswert der Erdgeschosswohnung:	EUR	120.000
Zuzahlung:	EUR	20.000
Gegenleistung:	EUR	140.000

Die Gegenleistungen von H und D sind nicht gleichwertig. Die Bemessungsgrundlage für H ist der Betrag, der sich bei Aufteilung des Wertes seiner wertvolleren Dachgeschosswohnung in dem Verhältnis ergibt, in dem der Wert der Erdgeschosswohnung zur Barzahlung steht. Deshalb muss man folgende Verhältnisrechnung vornehmen, um die Bemessungsgrundlage für H zu ermitteln:

H bekommt von D Bargeld in Höhe von EUR 20.000 und die Erdgeschosswohnung im Wert von EUR 120.000. H hat eine Wohnung im Wert von EUR 150.000 hingegeben. Das Verhältnis 120.000 zu 20.000 entspricht 85,71 % zu 14,29 %. Dieses Verhältnis wird nun auf den Wert der Dachgeschosswohnung übertragen. Von den EUR 150.000 sind 85,71 % als Bemessungsgrundlage einzustellen = EUR 128.565. (150.000 × 120.000 / 140.000 = 128.565).

Mithin versteuert D EUR 140.000, während H nur EUR 128.565 versteuern muss.

Änderungen im Gesellschafterbestand (§ 1 Abs. 2a GrEStG)

▆▆▆ Fall 121

Die drei Freunde Kermit, Piggy und Erni erwerben als Gesellschaft bürgerlichen Rechts im Jahr 01 das Mietshaus Currystr. 1. Der Ankauf wird ordnungsgemäß der Grunderwerbsteuer unterworfen. Die drei Freunde sind nun Gesellschafter. Entsprechend ihrer kapitalmäßigen Beteiligung halten sie folgende Gesellschaftsanteile:

Kermit	50 %
Piggy	3 %
Erni	47 %

– Im Jahr 02 wird das Insolvenzverfahren über das Vermögen des Gesellschafters Kermit eröffnet. Für diesen Fall bestimmt der Gesellschaftsvertrag der GbR Currystr. 1 das Ausscheiden des Gesellschafters. Der Anteil des ausgeschiedenen Kermit wächst den verbleibenden Gesellschaftern an.

- Im Jahr 03 verkauft Erni von seinem Anteil 50 Prozentpunkte an Bill.
- Im Jahr 04 veräußert Piggy ihren Anteil an Erni.

Haben diese Veränderungen im Gesellschafterbestand grunderwerbsteuerliche Auswirkungen?

Nach § 1 Abs. 2a Satz 1 GrEStG gilt die Änderung des Gesellschafterbestandes einer Personengesellschaft innerhalb von fünf Jahren in der Form, dass mindestens 95 % der Anteile auf neue Gesellschafter übergehen, als ein auf die Übereignung gerichtetes Rechtsgeschäft. Es wird eine Grundstücksübereignung fingiert. Der Gesetzgeber möchte mit dieser Regelung Missbrauchstatbestände verhindern. Anstatt eines „echten Verkaufs" könnte ein Erwerber „durch die Hintertür" Eigentum an einem Grundstück erlangen, indem er Gesellschaftsanteile erwirbt. Sobald innerhalb der Fünfjahresfrist 95 % der Gesellschaftsanteile auf Neugesellschafter wechseln, besteuert der Gesetzgeber diesen (nahezu vollständigen) Eigentümerwechsel. Da bei einem Gesellschafterwechsel nur über den Kaufpreis des Gesellschaftsanteils befunden wird, jedoch nicht über den fiktiven Kaufpreis der Immobilie, ist in den Fällen des § 1 Abs. 2a GrEStG der Grundbesitzwert als Gegenleistung anzusetzen (§ 8 Abs. 2 Satz 1 Nr. 3 GrEStG).

Leitsatz 34

!

Voraussetzungen für die Anwendung des § 1 Abs. 2a GrEStG

Folgende Voraussetzungen müssen erfüllt sein:
Anteilsübertragungen
– einer Personengesellschaft
– mit einem inländischen Grundstück
– ab der Wesentlichkeitsgrenze von 95 %
– innerhalb von fünf Jahren
– auf neue Gesellschafter
lösen eine Grunderwerbsteuerpflicht aus.

Erbfälle sind unbeachtlich (§ 1 Abs. 2a Satz 2 GrEStG).

Für die Lösung des Falles 121 sind die obigen fünf Kriterien abzuprüfen. Die GbR ist eine Personengesellschaft mit einem inländischen Grundstück. Die beschriebenen Anteilsübertragungen ereignen sich innerhalb von fünf Jahren, denn seit Erwerb im Jahr 01 sind bis zum Jahr 04 Veränderungen im Gesellschafterbestand erfolgt. Bleibt zu klären, ob 95 % der Gesellschaftsanteile auf neue Gesellschafter übergegangen sind.

Veränderungen im Gesellschafterbestand:

Gesell-schafter	Ursprungs-beteiligung	2002	2003	2004
Kermit	50 %	0 %	0 %	0 %
Piggy	3 %	6 %	6 %	0 %
Erni	47 %	94 %	44 %	50 %
Bill	0 %	0 %	50 %	50 %

Der 50 %ige Anteil von Kermit wuchs den Mitgesellschaftern an, Er ist damit auf Altgesellschafter übergegangen. Piggy verkaufte ihre Beteiligung an Erni, auch einen Altgesellschafter. Lediglich der Verkauf des Anteils von Erni an Bill erfolgte an einen Neugesellschafter. Dieser liegt jedoch mit 50 % deutlich unterhalb der Wesentlichkeitsgrenze von 95 %. Mithin ist kein Tatbestand des § 1 Abs. 2a GrEStG erfüllt.

Anteilteilsvereinigung – § 1 Abs. 3 GrEStG

▪▪▪ Fall 122

Die Geschwister Helge und Hanni sind zu je 50 % Gesellschafter der H&H-GmbH. Die GmbH hat in ihrem Betriebsvermögen ein unbebautes Grundstück. Helge überträgt seine 50 %ige Beteiligung an Hanni. Damit hält Hanni jetzt 100 % der Anteile. Wie ist dieser Vorgang grunderwerbsteuerlich zu werten?

Nach § 1 Abs. 3 GrEStG unterliegt die Anteilsvereinigung von mindestens 95 % der Anteile der Grunderwerbsteuer. Auch diese Vorschrift erfasst – wie der § 1 Abs. 2a GrEStG– Ersatztatbestände, um Steuerumgehungen zu vermeiden. Bemessungsgrundlage ist gem. § 8 Abs. 2 Satz 1 Nr. 3 GrEStG

der Grundbesitzwert nach §§ 138 ff BewG. Besteuert wird der Prozentsatz, der sich nunmehr in einer Hand vereinigt.

Leitsatz 35

!

Voraussetzungen für die Anwendung des § 1 Abs. 3 GrEStG

Voraussetzung ist, dass
– es bei mindestens 95 % der Anteile an einer grundbesitzenden
  Gesellschaft zu einer Vereinigung der Anteile oder einer Weiterü-
  bertragung kommt, so dass diese 95 % letztendlich in einer Hand
  vereinigt sind.
– Als Gesellschaft kommen sowohl Kapital- als auch Personengesellschaften in Frage.
– § 1 Abs. 2a GrEStG hat Vorrang vor § 1 Abs. 3 GrEStG.

Hanni vereinigt in ihrer Hand 100 % der Gesellschaftsanteile. Gedanklich
geht damit das Grundstück von der GmbH auf Hanni vollständig über.
Die Voraussetzungen des § 1 Abs. 3 GrEStG sind erfüllt, denn Hanni
hält mindestens 95 % der Anteile der grundbesitzenden Gesellschaft. Sie
versteuert nicht nur die übernommenen 50 % sondern 100 %, denn das
gesamte Grundstück gilt nun fiktiv als übergegangen.

Erbbaurecht

■■■ Fall 123
Familie F wohnt in der City von Frankfurt. Für die Wochenend- und
Freizeitgestaltung suchen sie im Umland ein Grundstück. Der Grundstückseigentümer G bietet ihnen an, ein Erbbaurecht für 99 Jahre an
seinem Wochenendgrundstück zu bestellen. Sie schließen einen Erb-
baurechtsvertrag. Danach zahlt F einen Einmalbetrag von EUR 30.000
sowie einen jährlichen Erbbauzins von EUR 1.000. Wie ist der Vorgang
grunderwerbsteuerlich zu werten?

Ein Erbbaurecht wird dem Eigentum am Grundstück gleichgestellt
(§ 2 Abs. 2 Nr. 1 GrEStG). Es ist ein grundstücksgleiches Recht, das durch
Vertrag zwischen dem Grundstückseigentümer und dem Erbbauberechtigten entsteht. Die Bestellung eines Erbbaurechtes ist steuerbar nach
§ 1 Abs. 1 Nr. 1 GrEStG i.V.m. § 2 Abs. 2 Nr. 1 GrEStG. Die Grunderwerbsteuer ist vom Wert der Gegenleistung (§ 8 Abs. 1 GrEStG, § 9 GrEStG) zu

berechnen. Zur Gegenleistung gehören der nach § 13 BewG kapitalisierte Wert der Erbbauzinsverpflichtung zuzüglich etwa vereinbarter Zuzahlungen oder sonstiger Leistungen (siehe koordinierten Ländererlass vom 25.02.2002: Schreiben betr. Beurteilung von Erbbaurechtsvorgängen).

Familie F aus Fall 123 hat mit dem Erwerb des Erbbaurechtes ein Rechtsgeschäft getätigt, das nach § 1 Abs. 1 Nr. 1 GrEStG i.V.m. § 2 Abs. 2 Nr. 1 GrEStG der GrESt unterliegt. Als Gegenleistung sind sowohl der vereinbarte Erbbauzins von jährlich EUR 1.000 sowie die Einmalzahlung anzusehen. Für die Ermittlung der Bemessungsgrundlage muss der Erbbauzins kapitalisiert werden. Hierfür wird der Jahreswert des Erbbauzinses nach § 13 Abs. 1 Satz 1 i.V.m. Anlage 9a BewG berechnet. Dabei ist die vereinbarte Laufzeit des Erbbauzinsanspruchs maßgeblich. Gemäß der Anlage 9a ergibt sich bei einer 99-jährigen Laufzeit ein Faktor von 18,589. Die Bemessungsgrundlage ermittelt sich wie folgt:

Jahreswert des Erbbauzinses	EUR	1.000
× Faktor gem. Anlage 9a zu § 13 BewG 18,589		
= Kapitalwert des Erbbauzinses	EUR	18.589
zzgl. Einmalzahlung	EUR	30.000
Bemessungsgrundlage zur GrESt	EUR	48.589
× 3,5 % GrESt	EUR	1.700

Familie F muss für den Erwerb des 99-jährigen Erbbaurechtes eine GrESt von EUR 1.700 bezahlen.

Einheitliches Vertragswerk

▮▮ Fall 124

Ehepaar E will sich seinen seit langem gehegten Traum vom Eigenheim erfüllen. Da sie beide keinerlei Ahnung vom Bau haben, entschließen sie sich, von einem Bauträger ein Grundstück samt noch zu errichtendem schlüsselfertigen Haus zu kaufen. Das Prinzip „Alles aus einer Hand" kommt ihnen sehr gelegen, so brauchen sie sich nicht um solch lästige Formalitäten wie Bauantrag, Planung, Statik, die Beauftragung der einzelnen Gewerke, Bauaufsicht u.v.m. zu kümmern. Ein Freund der Familie hat zudem noch eine tolle Idee. Er schlägt den Eheleuten E vor, nur den Grundstückskaufvertrag notariell zu beurkunden. Der Bauvertrag über die Errichtung des Gebäudes soll privatschriftlich abgeschlossen werden. Das Abkoppeln der Bauleistung vom Grundstückskauf hätte den Vorteil, dass nur der Preis für das Grundstück zur Grunderwerbsteuer herangezogen würde. Bauen ist teuer, und mit der ersparten Grunderwerbsteuer können sich die Bauherren eine höherwertigere Ausstattung des Hauses leisten, z. B. die schönen italienischen Marmorfliesen, die Frau E so gut gefallen. Gesagt, getan, der Kaufvertrag über das unbebaute Grundstück mit einem Preis von EUR 50.000 wird vor einem Notar geschlossen, während der Werkvertrag über die Errichtung des schlüsselfertigen Einfamilienhauses zu EUR 200.000 privatschriftlich abgeschlossen wird. Wie hoch ist die Grunderwerbsteuer? Das Grundstück liegt in Brandenburg.

Bei einem Grundstückskaufvertrag gilt nach § 9 Abs.1 Nr. 1 GrEStG als Gegenleistung der **Kaufpreis einschließlich der vom Käufer übernommenen sonstigen Leistungen**. Dadurch gehören alle Leistungen des Erwerbers zur grunderwerbsteuerlichen Bemessungsgrundlage. Ob als Gegenstand eines Erwerbsvorgangs nur der Erwerb des unbebauten Grund und Boden oder auch das zukünftig bebaute Grundstück anzusehen ist, ergibt sich aus den Umständen, wie der Erwerber zu dem letztendlich bebauten Grundstück kommt.

Liegt ein einheitliches Angebot für den Erwerb von Grundstück und Gebäude aus „einer Hand" vor, so sind Grundstückskaufvertrag und Werkvertrag miteinander verknüpft. Bei objektiver Betrachtungsweise erhält der Erwerber das bebaute Grundstück als einheitlichen Leistungsgegenstand.

Generell gilt: Kommen Grundstück und Errichtung des Gebäudes verbunden aus einer Hand, muss beides in einem Vertrag beurkundet werden. Als Faustregel gilt, wenn der eine Vertrag nicht ohne den anderen zustande gekommen wäre, ist ein einheitlicher notarieller Vertrag abzuschließen.

Im **Fall 124** haben die Eheleute mit dem Bauträger zwei untrennbar miteinander verknüpfte Verträge abgeschlossen. Das Finanzamt sieht darin ein einheitliches Vertragswerk und wird die Grunderwerbsteuer auf den Kaufpreis für den Grund und Boden (EUR 50.000) sowie den Werklohn (EUR 200.000) für das noch zu errichtende Gebäude berechnen. Die Grunderwerbsteuer beträgt in Brandenburg 3,5 % von EUR 250.000, damit fallen EUR 8.750 an GrESt an. Der „Tipp des Freundes" hat sich als Bumerang entpuppt. Obendrein wird das Finanzamt diese Gestaltung als Steuerhinterziehung werten.

Wären Grundstück und Bauleistung allerdings von zwei unterschiedlichen Anbietern erworben worden, dann hätte der Bauvertrag ohne weiteres privatschriftlich abgeschlossen werden können und nur der Grundstückskaufvertrag wäre notariell zu beurkunden.

Bagatellgrenze

▮▮▮ Fall 125

Die Nachbarn Max und Moritz besitzen aneinandergrenzende Grundstücke. Max beabsichtigt, auf seinem Grundstück einen Teepavillon zu errichten. Leider ist sein Grundstück so ungünstig geschnitten, dass das Teehäuschen die in mehrjähriger eigenhändiger Arbeit geschaffene Gartenstruktur zerstören würde. Unter Berücksichtigung aller Faktoren, wie Lichteinfall, Blickachsen im Garten und Entfernung zum Wohnhaus stellt Max fest, dass sich der optimale Platz genau auf der Grundstücksgrenze zu seinem Nachbarn Moritz befindet. Um sich seinen Traum erfüllen zu können, lädt er seinen Nachbarn Moritz auf eine Tasse Tee ein und erzählt ihm von seinem Projekt. Moritz, dem die Gartenarbeit ohnehin lästig ist, bietet Max den gewünschten Gartenstreifen zum Verkauf an. Max und Moritz werden sich schnell handelseinig. Sie vereinbaren einen Kaufpreis von EUR 2.000. Wie hoch ist die Grunderwerbsteuer?

Auch der Verkauf eines Teilgrundstücks löst Grunderwerbsteuer aus (§ 2 Abs. 3 Satz 2 GrEStG). Grundsätzlich ist der Verkauf eines Grundstücksteils steuerbar nach § 1 Abs. 1 Nr. 1 GrEStG. Zu berücksichtigen ist jedoch die im § 3 Nr. 1 GrEStG manifestierte Bagatellgrenze. Wenn der für die Besteuerung maßgebende Wert EUR 2.500 nicht übersteigt, ist auf die Besteuerung zu verzichten. Es handelt sich hierbei um eine Freigrenze. Übersteigt der Erwerb die Freigrenze von EUR 2.500, dann wird die gesamte Bemessungsgrundlage der GrESt unterworfen.

Max erwirb im Fall 125 das Teilgrundstück für EUR 2.000. Damit liegt die Gegenleistung unter der Bagatellgrenze von EUR 2.500. Der Verkauf ist demnach von der Grunderwerbsteuer befreit. Das wird Max freuen, das ersparte Geld kann er gut für den Kauf einer besonders schönen Teekanne gebrauchen.

Übersicht 9: Freigrenze nach § 3 Nr. 1 GrEStG		
Kaufpreis	≤ **EUR 2.500**	steuerbar, aber steuerfrei
Kaufpreis	> **EUR 2.500**	steuerbar und steuerpflichtig

Erbfall und Erbauseinandersetzung

Fall 126

Die Witwe W verstirbt und hinterlässt zwei Kinder Tim und Tom. Zum Nachlass gehören zwei Ferienhausgrundstücke, eines auf der Nordseeinsel Juist und eines im Schwarzwald. Bei der Teilung des Nachlasses entscheidet sich jeder Erbe für ein Grundstück. Die Erbengemeinschaft – bestehend aus Tim und Tom – setzt sich dergestalt auseinander, als Tim das Grundstück auf Juist übernimmt und Tom das im Schwarzwald gelegene Grundstück. Beide Grundstücke haben jedoch nicht den gleichen Wert, so dass Tim an seinen Bruder Tom noch eine Ausgleichszahlung von EUR 10.000 leisten muss. Wie ist dieser Fall grunderwerbsteuerlich zu werten?

Hinterlässt der Erblasser seinen Nachlass an mehrere Erben gemeinschaftlich, so bilden diese vorübergehend – bis zur Erbauseinandersetzung – eine Erbengemeinschaft. Der Nachlass ist in diesem Stadium noch gemeinschaftliches Vermögen. Gehört zum Nachlass ein Grundstück, dann ist der Erwerb dieses Grundstücks durch die Erbengemeinschaft nach § 3 Nr. 2 GrEStG von der Grunderwerbsteuer befreit.

Leitsatz 36

Steuerfreiheit von Schenkung und Erbanfall

Zur Vermeidung von Doppelbesteuerungen sind der Grundstückserwerb von Todes wegen und Grundstücksschenkungen unter Lebenden von der GrESt ausgenommen. Diese Vorgänge unterliegen der Erbschaft- und Schenkungsteuer.

Mit der Erbauseinandersetzung, wird der Nachlass entsprechend der Erbquote unter den Miterben aufgeteilt. Nun kommt es im Regelfall vor, dass sich der Nachlass nicht genau nach Quote aufteilen lässt. Oftmals müssen

Mehr- oder Minderwerte zwischen den Mieterben vergütet werden. Befindet sich im Nachlass ein Grundstück, dann erwirbt möglicherweise ein Erbe ein Grundstück ganz oder anteilig von einem anderen Miterben. Solche Nachlassauseinandersetzungen sind nach § 3 Nr. 3 GrEStG ebenfalls von der Grunderwerbsteuer befreit.

> Zahlt ein Miterbe, der ein Grundstück übernimmt, dass den Wert seines Erbanteils übersteigt, eine Ausgleichszahlung an den Nachlass, so ist dies bezüglich der Steuerfreiheit der Auseinandersetzung unschädlich.

Bezogen auf Fall 126 bedeutet dies, dass der Erbanfall der beiden Grundstücke auf die Erbengemeinschaft nach § 3 Nr. 2 GrEStG steuerbefreit ist. Da die beiden Grundstücke von unterschiedlichem Wert sind, müssen sich die Erben entsprechend auseinander setzen, damit nicht ein Erbe bevorteilt wird. Deshalb zahlt Tim als Ausgleich für das wertvollere Grundstück EUR 10.000 an den Nachlass, respektive an Tom. Da diese Zahlung aus Anlass der Erbauseinandersetzung erforderlich wurde, fällt sie unter die Befreiung des § 3 Nr. 3 GrEStG. Weder der Erwerb der Grundstücke im Rahmen der Erbauseinandersetzung noch die Zahlung der EUR 10.000 werden folglich mit Grunderwerbsteuer belastet.

Erwerbe zwischen Ehegatten

▬ Fall 127

Zahnarzt Z schenkt seiner Frau zum zehnten Hochzeitstag eine Eigentumswohnung. Fällt aufgrund dieser Schenkung Grunderwerbsteuer an?

§ 3 Nr. 4 GrEStG stellt alle Erwerbsvorgänge zwischen Ehepartnern steuerfrei. Voraussetzung ist das Bestehen einer wirksamen Ehe im Zeitpunkt des Erwerbs.

Frau Z muss keine Grunderwerbsteuer für die geschenkte Wohnung entrichten, da sie durch die Befreiung im § 3 Nr. 4 GrEStG geschützt ist.

Erwerb im Zusammenhang mit einer Scheidung

■ Fall 128

Die Ehe des in Deutschland lebenden vermögenden russischen Oligarchen Chelsea Abramow wird geschieden. Abramow überlässt seiner geschiedenen Ehefrau Irina im Rahmen der Vermögensauseinandersetzung nach einer Scheidung eine Villa am Starnberger See im Wert von 5 Mio EUR. Wie hoch ist die Grunderwerbsteuer?

Endet eine Ehe durch Scheidung und wird im Zuge der Vermögensauseinandersetzung nach der Scheidung ein Grundstück auf den ehemaligen Ehegatten übertragen, so tritt die Steuerbefreiung nach § 3 Nr. 5 GrEStG ein.

Die Übertragung der Villa am Starnberger See ist zwar steuerbar nach § 1 Abs. 1 Nr. 1 GrEStG, aber steuerfrei, weil es sich dabei um einen Vermögensausgleich aus Anlass einer Scheidung handelt. Irina muss also keine Grunderwerbsteuer für dieses wertvolle Grundstück zahlen.

Hinweis: Damit sind alle Grundstücksübertragungen zwischen Ehegatten steuerfrei. Liegt eine Nichtehe vor, z. B. ein Verlöbnis oder eine nichteheliche Lebensgemeinschaft, würde die Begünstigung des § 3 Nr. 5 GrEStG nicht greifen. Gleiches gilt für gleichgeschlechtliche eingetragene Lebenspartnerschaften. Eine Lebenspartnerschaft führt nicht zur Anwendung der Befreiungsvorschriften, die Ehegatten gewährt werden.

Rückerwerb durch Treugeber

■ Fall 129

Der bekannte deutsche Tennisspieler Bob Backer (BB) besitzt auf der Insel Sylt ein Feriendomizil. BB ist sehr öffentlichkeitsscheu und möchte bezüglich seines Immobilienbesitzes namentlich nicht in Erscheinung treten. Er überträgt das Grundstück deshalb auf einen Treuhänder (TH). Nach einigen Jahren kommt es zum Streit zwischen den Vertragspartnern über die Höhe der Aufwandsentschädigung des Treuhänders für seine Dienste. Treugeber BB und Treuhänder entschließen sich, das Treuhandverhältnis zu beenden. Hat dies grunderwerbsteuerliche Konsequenzen?

Überträgt ein Treugeber ein Grundstück auf einen Treuhänder, dann liegt das **bürgerlich-rechtliche Eigentum** beim Treuhänder. Das **wirt-**

schaftliche Eigentum, gleichbedeutend mit der Verwertungsbefugnis, behält der Treugeber zurück. Der Treuhänder ist im Innenverhältnis verpflichtet, den Anweisungen des Treugebers Folge zu leisten. Bei der Begründung eines Treuhandverhältnisses entsteht erstmals GrESt. Die Rückübereignung vom Treuhänder auf den Treugeber bei Auflösung des Treuhandverhältnisses ist nach § 1 Abs. 1 Nr. 2 GrEStG steuerbar. Eine zweifache Erhebung der GrESt ist in solch einem Fall jedoch unbillig. Nach § 3 Nr. 8 GrEStG ist der Rückerwerb eines Grundstücks durch den Treugeber bei Auflösung des Treuhandverhältnisses von der Besteuerung ausgenommen.

Im Fall 129 ist bereits mit Begründung des Treuhandverhältnisses GrESt entstanden. Der Rückerwerb vom Treuhänder auf den Treugeber BB ist deshalb nach § 3 Nr. 8 GrEStG steuerbefreit.

Übersicht 10: Befreiungen von der GrESt gem. § 3 GrEStG	
Erwerbe bis EUR 2.500 (Bagatellgrenze)	§ 3 **Nr. 1** GrEStG
Schenkungen und Erbfälle	§ 3 **Nr. 2** GrEStG
Erbauseinandersetzungen	§ 3 **Nr. 3** GrEStG
Erwerbe zwischen Ehegatten	§ 3 **Nr. 4** GrEStG
Vermögensauseinandersetzungen nach einer Scheidung	§ 3 **Nr. 5** GrEStG
Erwerbe innerhalb der geraden Verwandschaftslinie	§ 3 **Nr. 6** GrEStG
Fortgesetzte Gütergemeinschaft	§ 3 **Nr. 7** GrEStG
Rückerwerbe durch Treuhänder	§ 3 **Nr. 8** GrEStG

Realteilung

Fall 130

Unsere vier Freunde aus Fall 121 (Kermit, Piggy, Erni und Bill) sind zu gleichen Teilen an einem ungeteilten Mehrfamilienhaus mit vier

Wohnungen beteiligt. Sie haben sich vor 15 Jahren unter der Firma GbR Currystr. 44 zusammengeschlossen. Sie beabsichtigen nun, das Vermietungsobjekt aufzuteilen. Jedem Gesellschafter soll eine Wohnung zu Alleineigentum übertragen werden. Zufällig sind die vier Wohnungen gleichwertig, so dass kein Gesellschafter bevorteilt oder benachteiligt wird. Zu diesem Zweck soll das Mehrfamilienhaus nach den Regelungen des Wohnungseigentumsgesetzes in Eigentumswohnungen aufgeteilt und anschließend „real" geteilt werden. Löst dieser Vorgang Grunderwerbsteuer aus?

Grundsätzlich unterliegt der Grunderwerbsteuer jedes Rechtsgeschäft, das auf die Übereignung inländischen Grundbesitzes gerichtet ist. Das GrEStG stellt hier formal auf den Rechtsträgerwechsel ab. Anders als im Ertragsteuerrecht, wo nicht die GbR das Steuerrechtssubjekt darstellt, sondern die hinter ihr stehenden Gesellschafter, besteuert das Grunderwerbsteuerrecht jeden Rechtsträgerwechsel. Allein die vorgesehene Aufteilung in Eigentumswohnungen führt nicht zu einem Rechtsträgerwechsel, denn die GbR (unsere vier Freunde in gesamthänderischer Verbundenheit) bleibt zunächst weiterhin Eigentümerin. Erst die Übertragung der vier einzelnen Wohnungen auf die vier Gesellschafter (Realteilung) bewirkt eine Änderung der Rechtszuständigkeit. Jetzt ist nicht mehr die GbR Eigentümer aller vier Wohnungen, sondern der Gesellschafter Kermit für Wohnung 1, die Gesellschafterin Piggy für Wohnung 2 usw. Die Wohnungen haben vor Realteilung allen gemeinschaftlich gehört. Mit dem Erwerb des Alleineigentums wird das Haus gedanklich in vier Stücke zersägt und jeder nimmt sich sein Viertel mit. Im Zuge der Realteilung findet also ein Rechtsträgerwechsel statt von der GbR auf vier einzelne natürliche Personen.

Allerdings wird die ursprüngliche Mitberechtigung am Grundstück aus den Zeiten der GbR durch einen besonderen Befreiungstatbestand berücksichtigt. Gem. § 7 Abs. 2 GrEStG wird die Grunderwerbsteuer nicht erhoben, soweit der übernommene Bruchteil nach Realteilung dem Anteil entspricht, zu dem der Gesellschafter am Gesamthandsvermögen beteiligt war. Bekommen Kermit & Co. im Rahmen der Aufteilung des Mehrfamilienhauses genauso viel, wie sie zuvor Anteile inne hatten, dann wird keine Grunderwerbsteuer ausgelöst. Hieran ist jedoch eine Bedingung geknüpft. Die Befreiung nach § 7 Abs. 2 GrEStG wird versagt, sofern der Gesellschafter seinen Anteil innerhalb von fünf Jahren vor Realteilung erworben hat. Gleiches gilt, wenn eine vom Beteiligungsverhältnis abweichende Auseinandersetzungsquote vereinbart wird.

Im Fall 130 erhalten die Gesellschafter eine Wohnung, die genau ihrer Beteiligungsquote entspricht. Sie haben die Beteiligung auch länger als fünf Jahre gehalten. Damit sind sie durch die Befreiungsvorschrift des § 7 Abs. 2 GrEStG geschützt. Es fällt keine GrESt an.

Rückabwicklung eines Kaufvertrages

■■■ Fall 131

Verkäufer V veräußert eine besonders hochpreisige Immobilie an der Hamburger Elbchaussee für EUR 5 Mio an die Heuschrecke H. Infolge der Bankenkrise ist die Hausbank des H nicht mehr bereit, dessen Investitionen zu 100 % durchzufinanzieren. H fehlt es momentan jedoch an nennenswerten Eigenmitteln, um den von der Bank geforderten Eigenanteil am Finanzierungsvolumen beizubringen. H kann den Kaufpreis nicht belegen. Der Kaufvertrag platzt. Fällt trotzdem GrESt an?

Mit dem Abschluss des notariellen Kaufvertrages ist die GrESt grundsätzlich entstanden, denn nach § 1 Abs. 1 Nr. 1 GrEStG begründet der Kaufvertrag bereits die Grunderwerbsteuerpflicht. Nach § 16 Abs. 1 GrEStG wird die GrESt jedoch auf Antrag nicht erhoben bzw. eine bereits erfolgte Festsetzung wieder aufgehoben, wenn der Erwerbsvorgang vor Eigentumsübergang rückgängig gemacht wird. Dies kann z. B. der Fall sein bei Ausübung eines vorbehaltenen Rücktrittsrechtes (z. B. bei Baumängeln) oder bei Nichterfüllung des Kaufvertrages (Nichtzahlung des Kaufpreises).

Im Fall 131 kann H die Festsetzung von GrESt unter Berufung auf § 16 Abs. 1 Nr. 2 GrEStG verhindern, indem er unter Verweis auf das Rücktrittsrecht im Kaufvertrag einen Antrag auf Nichtfestsetzung der GrESt beim Finanzamt stellt. In diesem Fall ist keine Frist zu beachten, denn die Nichterfüllung von Vertragsbedingungen stellt sich oftmals erst sehr spät heraus.

Übersicht 11: Rückgängigmachung von Erwerbsvorgängen

§ 16 GrEStG stellt also sicher, dass bei einem gescheiterten Immobilien-geschäft finanzielle Härten vermieden werden. Man unterscheidet drei Fälle der Rückgängigmachung:

Rückabwicklung **vor** Eigentumsübergang	§ 16 Abs. 1 GrEStG
Rückerwerb **nach** Eigentumsübergang	§ 16 Abs. 2 GrEStG
Herabsetzung der Gegenleistung	§ 16 Abs. 3 GrEStG

Unbedenklichkeitsbescheinigung

Fall 132

Erwerber E hat unstreitig einen grunderwerbsteuerbaren Tatbestand realisiert. Allerdings befindet er sich mit der Grunderwerbsteuerstelle des Finanzamtes im Streit bezüglich der Bemessungsgrundlage. Er hat gegen den Grunderwerbsteuerbescheid Einspruch eingelegt. Ihm wurde auch die Aussetzung der Vollziehung für den Teil der festgesetzten GrESt, der auf die strittige Bemessungsgrundlage entfällt, gewährt. Erhält E die Unbedenklichkeitsbescheinigung gem. § 22 GrEStG?

Der Erwerber eines Grundstücks wird erst dann in das Grundbuch ein-getragen, wenn das Finanzamt die sog. Unbedenklichkeitsbescheinigung (UB) erteilt hat. Diese Bescheinigung bestätigt, dass der Eintragung aus steuerlichen Gründen keine Bedenken entgegen stehen. Das Finanzamt erteilt die UB erst, wenn die GrESt entweder entrichtet, sichergestellt bzw. gestundet ist oder die Steuerfreiheit gegeben ist. Dieses Verfahren soll zur Sicherung des Steueraufkommens dienen. Ohne UB findet kein Eigentumswechsel statt.

Ob bei einer Aussetzung der Vollziehung im Fall 132 ein Anspruch auf Erteilung einer UB besteht, ist gesetzlich nicht geregelt. Der BFH vertritt jedoch die Auffassung, dass eine gewährte Aussetzung der Vollziehung in gleicher Weise einen Rechtsanspruch auf Erteilung einer Unbedenk-lichkeitsbescheinigung erzeugt wie eine Stundung. E wird seine UB also bekommen.

Lektion 16: Förderung der selbstgenutzten Immobilie

Steuerermäßigung bei Aufwendungen für haushaltsnahe Beschäftigungsverhältnisse und für die Inanspruchnahme haushaltsnaher Dienst- und Handwerkerleistungen

§ 35a EStG fördert haushaltsnahe Tätigkeiten in Privathaushalten. Die Vorschrift existiert erst seit 2003, jedoch wurde das diesbezügliche BMF-Schreiben auf dieser kurzen Zeitachse bereits zum dritten Mal geändert. Das aktuelle BMF-Schreiben datiert vom 26.10.2007.

Haushaltsnahe Beschäftigungsverhältnisse gem. § 35a Abs. 1 EStG

§ 35a Abs. 1 EStG regelt die Steuerermäßigung für haushaltsnahe Beschäftigungsverhältnisse. Subventioniert werden Tätigkeiten, die einen engen Bezug zur privaten Haushaltsführung aufweisen. Gemeint sind Tätigkeiten, die Familienmitglieder im Privathaushalt typischerweise selbst erledigen, wie z. B. die Zubereitung von Mahlzeiten, die Wohnungsreinigung oder die Gartenpflege. Um die Begünstigung nach Abs. 1 zu erlangen, muss der Steuerpflichtige als Arbeitgeber auftreten.

§ 35 Abs. 1 Satz 1 Nr. 1 EStG:

Beschäftigt der Steuerpflichtige eine Haushaltshilfe im Rahmen einer sog. geringfügigen Beschäftigung, dann beträgt die Steuerermäßigung 10 % der Aufwendungen, max. EUR 510.

§ 35 Abs. 1 Satz 1 Nr. 2 EStG:

Werden für das Beschäftigungsverhältnis Pflichtbeiträge zur gesetzlichen Sozialversicherung entrichtet, dann steigt die Steuerermäßigung auf 12 % der Aufwendungen, max. EUR 2.400.

Für die Praxis von größerer Relevanz sind die nachstehend beschriebenen Förderungen:

Haushaltsnahe Dienstleistungen und Handwerkerleistungen gem. § 35a Abs. 2 EStG

§ 35a Abs. 2 Sätze 1 und 2 EStG gewähren eine Steuerermäßigung auf haushaltsnahe Dienstleistungen (Satz 1) und Handwerkerleistungen (Satz 2), die in einem inländischen Haushalt erbracht werden. Ab 2008 wurde die Regelung erweitert auf Haushalte, die in der Europäischen Union oder dem Europäischen Wirtschaftsraum liegen. Gefördert werden jeweils Aufträge bis zu einer Höhe von EUR 3.000. Der Staat übernimmt 20% der Kosten, maximal EUR 600. Dieser Betrag mindert unmittelbar die tarifliche Einkommensteuer. Eine Förderung nach § 35a Abs. 2 Satz 1 EStG ist neben einer Förderung nach Satz 2 möglich. Die Begünstigung wird für Aufträge im privaten Haushalt gewährt. Von der Steuerermäßigung profitieren Hausbesitzer, Wohnungseigentümer, Mieter und Heimbewohner.

Als haushaltsnahe Dienstleistungen (§ 35a Abs. 2 Satz 1 EStG) sind Tätigkeiten anzusehen, die ohne spezielle Fachkenntnis von einem Laien ausgeführt werden können. Typische haushaltsnahe Dienstleistungen sind Reinigungsarbeiten, Gartenarbeiten, einfachere Renovierungs- und kleinere Ausbesserungsarbeiten.

Zu den begünstigten Handwerkerleistungen (§ 35a Abs. 2 Satz 2 EStG) zählen alle handwerklichen Tätigkeiten, die Renovierungs-, Erhaltungs- und Modernisierungsmaßnahmen zum Gegenstand haben. Neubaumaßnahmen sind nicht begünstigt.

Begünstigt sind nur die Aufwendungen für den Arbeitslohn sowie die ggf. in Rechnung gestellten Maschinen- und Fahrtkosten einschließlich der auf die Leistungen entfallenden Umsatzsteuer. Nicht begünstigt sind die Kosten für das Material.

▮▮ Fall 133

Der Einfamilienhausbesitzer E beauftragt für das Reinigen des Einfamilienhauses sowie das Fensterputzen eine Gebäudereinigungsfirma. Diese erhielt für ihre Tätigkeiten im Jahr 1.500 EUR. Weiterhin hat E für Modernisierungsarbeiten in seinem Bad nachstehende Rechnung des beauftragten Handwerkerbetriebes beglichen:

Anfahrt	EUR	15
Fliesen zzgl. Kleinstmaterial	EUR	400
Fliesen verlegen	EUR	450
Summe:	EUR	865

Sind die Reinigungsarbeiten und die Modernisierungskosten nach § 35a EStG begünstigt?

Die Reinigungsarbeiten sind als haushaltsnahe Dienstleistung nach Satz 1 begünstigt. Die Förderung beträgt 20 % von 1.500 EUR = 300 EUR.

Die Modernisierungsarbeiten sind als Handwerkerleistung nach Satz 2 präferiert. Die Begünstigung ist nur auf die Arbeits- und Reisekosten beschränkt, Materialkosten werden nicht gefördert. E kann von den 865 EUR den Teilbetrag von 465 EUR geltend machen. Die Förderung beträgt 20 %, also EUR 93.

E aus Fall 133 kann parallel für beide Arten der Leistungen des § 35a Abs. 2 EStG die Förderung in Anspruch nehmen. Seine Einkommensteuerschuld mindert sich um EUR 393 (EUR 300 + EUR 93). Voraussetzung ist, dass die Beträge durch Vorlage einer Rechnung und die Zahlung auf das Konto der beauftragten Unternehmen nachgewiesen werden. Barzahlungen sind von der Förderung ausgeschlossen.

▮▮ Fall 134

Mieter M entnimmt der vom Vermieter vorgelegten Nebenkostenabrechnung, dass in der Abrechnungsperiode Aufwendungen an diverse Handwerkerfirmen beglichen wurden, beispielsweise für die Wartung der Heizungsanlage, für Winterdienst, Hausreinigung, Schornsteinfegerleistungen u.v.m. Kann M den auf seine Wohnung entfallenden Anteil gem. § 35a Abs. 2 EStG ansetzen?

Auch Mieter partizipieren an der Förderung. Der Nachweis erfolgt in diesen Fällen über die Jahresabrechnung des Vermieters. In einer Bescheinigung bestätigt der Vermieter die abzugsfähigen Aufwendungen gem. § 35a Abs. 2 Satz 2 EStG.

Im Fall 134 kann die Steuerermäßigung auch von Mieter M in Anspruch genommen werden.

Hinweis: *Für Eigentümer einer Eigentumswohnung gilt dieses Verfahren analog. Bei Wohneigentümergemeinschaften erfolgt der Nachweis im Rahmen der Wohngeldabrechnung durch Bescheinigung des WEG-Verwalters. Darüber hinaus ist die Steuerermäßigung auch dann zu gewähren, wenn sich der Haushalt in einem Heim befindet und dem Heimbewohner sein individueller Anteil an den begünstigten Arbeitskosten bescheinigt wird.*

■ Fall 135

Haus 1 ist ein Mietshaus, Haus 2 ist eine Wohneigentümergemeinschaft. Beide Häuser werden durch den gleichen Verwalter betreut. In beiden Häusern wurde im Frühjahr das Treppenhaus frisch gestrichen. Werden die § 35a EStG-Bescheinigungen für Haus 1 und 2 inhaltlich gleich aussehen?

Bei der Erstellung der Abrechnung für Zwecke des § 35a EStG muss der Verwalter beachten, welche Kostenbestandteile tatsächlich auf den Mieter bzw. den Wohnungseigentümer umgewälzt werden. Der Wohnungseigentümer trägt im Rahmen der Wohngeldabrechnung Kosten, die nach Mietrecht nicht auf den Mieter umgelegt werden dürfen. Dies sind z. B. Instandhaltungsleistungen und Verwalterhonorare.

Im Fall 135 werden die Bescheinigungen für Haus 1 und Haus 2 inhaltlich unterschiedlich aussehen. Der Mieter trägt beispielsweise keine Instandhaltungskosten. Für Mieter sind nur jene Dienstleistungen bescheinigungsfähig, die im Rahmen der Nebenkostenabrechnung umlagefähig sind. Das sind z. B. Leistungen für Schornsteinfeger, Gartenpflege, Winterdienst und Gebäudereinigung. Dagegen wird der Eigentümer einer Eigentumswohnung auch mit den Kosten für die Malerarbeiten im Treppenhaus belastet. Der Verwalter muss aber die Materialkosten (Farbe) herausrechnen. Die Abrechnung für Haus 2 verursacht einen höheren Bearbeitungsaufwand. Die Bescheinigungen für beide Häuser werden in jedem Fall von einander abweichen.

■ Fall 136

Welche Relevanz entfaltet die Bescheinigung des Vermieters bzw. des WEG-Verwalters?

Das BMF-Schreiben schlägt vor, dass der Vermieter oder WEG-Verwalter entsprechend der amtlichen Musterbescheinigung die angefallenen

Kosten bescheinigt. Dies erfordert jedoch, dass der Vermieter / Verwalter fachlich imstande ist, die Aufwendungen nach den verschiedenen Begünstigungsarten (Dienstleistung oder Handwerkerleistung) einzuordnen. Da es für die verschiedenen Begünstigungen eigene Fördertöpfe gibt, kann eine fehlerhafte Zuordnung zur Benachteiligung des Mieters oder Wohnungseigentümers führen. Zur Vermeidung von Haftungsfällen sollten Vermieter / Verwalter alternativ eine Zusatzabrechnung zur Nebenkosten- bzw. Wohngeldabrechnung erstellen und keine abgestempelte Bescheinigung nach amtlichen Muster. Die Entscheidung über die finale Zuordnung sollte dem Steuerpflichtigen überlassen bleiben. Dies macht auch aus dem Grund Sinn, als manche Positionen streitbehaftet sind, z. B. sog. Vollwartungsverträge. Ein Vollwartungsvertrag (z. B. für die Heizungsanlage) deckt nicht nur Dienstleistungen sondern auch § 35a EStG-schädliche Materialkosten ab.

▄▄▄ Fall 137

Mieter M erhält im September 02 die Nebenkostenabrechnung seines Vermieters für das Mietjahr 01. Zusätzlich hat der Vermieter eine Bescheinigung über § 35a EStG-relevante Kostenpositionen beigefügt. M ist ein vorbildlicher Steuerbürger, er hat seine Einkommensteuererklärung für das Jahr 01 gleich im Januar 02 abgegeben. Der bestandskräftige Einkommensteuerbescheid datiert aus April 02. Ist es nun zu spät, die Ansprüche nach § 35a EStG geltend zu machen?

Grundsätzlich gilt das Zufluss-Abfluss-Prinzip des § 11 EStG. Danach können Aufwendungen in dem Jahr geltend gemacht werden, in dem sie bezahlt werden. Der Abfluss erfolgt bei Mietern in Form von Betriebskostenvorauszahlungen im laufenden Jahr sowie als Endzahlung oder Erstattung im Folgejahr. Das BMF-Schreiben hat für diese Fälle eine pragmatische Lösung geschaffen. Danach kann der Mieter sämtliche Kosten in dem Jahr ansetzen, in dem die Nebenkosten abgerechnet werden.

Im Fall 137 ist es für M noch nicht zu spät. Er kann in der Steuererklärung für das Jahr 02 die Aufwendungen nach § 35a EStG des Jahres 01 angeben. Darüber ist M sehr erleichtert.

Übersicht 12: Förderung durch § 35a EStG

Fördertatbestand	Rechtsgrundlage	Maximale Förderung
Haushaltsnahes Beschäftigungsverhältnis als geringfügige Beschäftigung	§ 35a **Abs. 1 Nr. 1** EStG	10%, höchstens EUR 510
Beschäftigungsverhältnis, für das Pflichtbeiträge zur Sozialversicherung entrichtet werden	§ 35a **Abs. 1 Nr. 2** EStG	12%, höchstens EUR 2.400
Haushaltsnahe Dienstleistungen	§ 35a **Abs. 2 Satz 1** EStG	20%, höchstens EUR 600
Begünstigte Handwerkerleistungen	§ 35a **Abs. 2 Satz 2** EStG	20%, höchstens EUR 600

Während der Steuerpflichtige in den Fällen des **Abs. 1** selbst als **Arbeitgeber** auftritt, liegen bei den Fördertatbeständen nach **Abs. 2** Auftragsverhältnisse zu **Fremdfirmen** vor. Eine Kumulation mehrerer Tatbestände ist möglich. Die Beträge ermäßigen die tarifliche Einkommensteuer. Im Ergebnis wird die Steuerschuld reduziert. Wer also keine Steuern zahlt, bekommt auch keine Steuerermäßigung. § 35a EStG führt nicht zu einer Negativsteuer!

Steuervergünstigungen für eigengenutzte Immobilien im Denkmal- und Sanierungsgebiet

▬▬ Fall 138

Bauträger B hat eine ehemalige Schokoladenfabrik in einem Sanierungsgebiet aufgekauft. Mit einem Architekturbüro entwickelt er ein Konzept, wonach das Fabrikgebäude in exklusive Loftwohnungen umgebaut werden soll. Die noch zu modernisierenden Wohneinheiten werden über einen Makler sowohl Kapitalanlegern als auch Eigennutzern angeboten. Erwerber E schließt im Jahr 01 mit dem Bauträger einen „Vertrag über den

Kauf einer Loftwohnung in einem vom Verkäufer zu modernisierenden Gebäude". Nach Abschluss des Kaufvertrages wird mit dem Umbau zu einem Wohnloft begonnen. Im Januar 03 ist das Loft bezugsfertig. E nutzt diese modernisierte Wohnung zu eigenen Wohnzwecken. Hat E bei Selbstnutzung des Lofts Anspruch auf eine Steuervergünstigung?

§ 10f EStG gewährt eine Steuervergünstigung bei selbst bewohnten Objekten, wenn die Voraussetzungen des § 7h EStG (Objekt im Sanierungsgebiet) oder § 7i EStG (Objekt ist ein Baudenkmal) vorliegen (siehe Ausführungen in Lektion 06). Danach können im Jahr der Fertigstellung der Baumaßnahme und den folgenden neun Jahren jeweils 9 % der bescheinigten Modernisierungskosten wie Sonderausgaben abgezogen werden. Wichtig ist, dass mit der Baumaßnahme erst nach Abschluss des Kaufvertrages begonnen wird. Weiterhin müssen die begünstigten Baukosten durch eine Bescheinigung der zuständigen Behörde (z. B. der Sanierungsverwaltungsstelle) bestätigt werden. § 10f EStG nimmt Bezug auf die §§ 7h und 7i EStG. Der einzige Unterschied besteht darin, dass diese beiden erhöhten Abschreibungen bei vermieteten Wohnungen greifen, während § 10f EStG die eigengenutzte Wohnung begünstigt.

Im Fall 138 kann E für die gem. § 7h EStG bescheinigten Baukosten Sonderausgaben nach § 10f EStG geltend machen, denn seine Wohnung liegt in einem Sanierungsgebiet und die Baumaßnahme wurde erst nach Abschluss des Kaufvertrages durchgeführt.

Sonstige Steuerermäßigungen

Die Förderkulisse für eigengenutzte Immobilien wurde in der Vergangenheit schrittweise abgeschmolzen. Alle anderen Subventionsnormen, wie das Eigenheimzulagegesetz oder § 7 Fördergebietsgesetz haben nur noch Relevanz für Altfälle. Die Randbedingungen dieser Vorschriften werden nachstehend skizziert. Fördergegenstand ist in beiden Fällen die selbstgenutzte eigene Immobilie, also das Einfamilienhaus oder die Eigentumswohnung.

Eigenheimzulagegesetz (EigZulG)

Das EigZulG war anzuwenden für nach dem 31.12.1995 angeschaffte oder hergestellte sowie ausgebaute oder erweiterte eigengenutzte Immobilien. Das Gesetz hat die ähnlich ausgestaltete Vorläufervorschrift § 10e EStG abgelöst. Die Eigenheimzulage wurde zum 01.01.2006 abgeschafft. Das Gesetz wurde während seiner Lebensdauer mehrmals modifiziert, letztmalig ab 1.1.2004.

Die Förderung setzte sich zusammen aus einem Fördergrundbetrag und einer Kinderzulage. Bemessungsgrundlage für den Fördergrundbetrag waren die Anschaffungs- oder Herstellungskosten der Wohnung. Die Zulage betrug zum Schluss maximal EUR 1.250 (1 % der Bemessungsgrundlage einheitlich für Alt- und Neubauten), die Kindergeldzulage pro Kind EUR 800. Anspruchsberechtigt waren Ledige bis zu einer Einkunftsgrenze (Summe der positiven Einkünfte) von EUR 70.000 in zwei Jahren. Bei Verheirateten verdoppeln sich die Beträge. Bei Aufwendungen für bestimmte begünstigte Energiesparmaßnahmen erhöhte sich der Fördergrundbetrag noch. Der Förderzeitraum betrug acht Jahre. Die Zulage wurde immer am 15.03. des Jahres ausbezahlt.

Die Förderung war beschränkt auf ein Objekt (bei Alleinstehenden) bzw. zwei Objekte (bei Ehegatten). Die Objektbeschränkung bezog auch Förderungen nach vergleichbaren früheren Vorschriften ein, z. B. § 10e EStG oder sogar noch § 15b BerlinFG. Jeder Steuerpflichtige sollte nur einmal im Leben sein Eigenheim steuerlich geltend machen können.

Durch das Auslaufen des EigZulG werden seit 2006 keine neuen Förderfälle mehr entstehen. Lediglich alte Begünstigungsfälle können bis zum Auslaufen des achtjährigen Förderzeitraums im Veranlagungsgeschäft auftauchen.

Fördergebietsgesetz (FördG)

Das FördG – auch als Jahrhundertsteuergesetz bezeichnet – wurde ins Leben gerufen, um die wirtschaftliche Erholung im Beitrittsgebiet zu fördern. Es galt in den neuen Bundesländern sowie im ehemaligen West-Berlin (hier mit gewissen Einschränkungen). Gefördert wurden Investitionen zwischen dem 31.12.1990 und dem 01.01.1999. Das FördG gewährte Sonderabschreibungen bis zu einer Höhe von 50 % auf die Anschaffungs- und Herstellungskosten einer Immobilie.

Nach § 7 FördG waren Herstellungs- und Erhaltungsarbeiten an einem zu eigenen Wohnzwecken genutzten Gebäude über zehn Jahre als Sonderausgaben abzugsfähig. Die Förderung war auf Baukosten bis zu

DM 40.000 beschränkt, d.h. der Steuerpflichtige konnte bis zu DM 4.000 pro Jahr geltend machen. Nach § 8 Abs. 3 FördG war die Vorschrift letztmalig für das Veranlagungsjahr 1998 anwendbar. Das heißt, dass im Jahr 1998 angefallene Baukosten über zehn Jahre – also von 1998 bis einschließlich 2007 abgeschrieben wurden. § 7 FördG galt nicht für Objekte im ehemaligen Berlin (West).

Lektion 17: Die Zweitwohnsitzsteuer

Der Vollständigkeit halber soll zu guter Letzt auch auf die Zweitwohnsitzsteuer (ZwSt) eingegangen werden.

Viele Städte und Gemeinden erheben diese Kommunalsteuer. Sie betrifft alle Personen, die in dem jeweiligen Ort eine Zweitwohnung innehaben, d.h. die mit einer Nebenwohnung gemeldet sind. Dies sind überwiegend Berufspendler, Studenten und Ferienwohnungseigentümer.

Die ZwSt ist vom Wesen her eine Luxussteuer. Wer es sich leisten kann, neben seiner Hauptwohnung noch eine weitere Wohnung zu unterhalten, muss dafür auch bezahlen. Eigentum verpflichtet!

Berufspendler

▬ Fall 139

Der alleinstehende Professor P hat in Berlin seinen Hauptwohnsitz inne. In Dresden hält er sich regelmäßig zu seinen wöchentlichen Vorlesungen auf. Für diesen Zweck hat er unweit der Universität eine kleine Wohnung angemietet. Ihm erwachsen daraus jährlich Kosten in Höhe von EUR 5.000. Muss P für diese Wohnung Zweitwohnsitzsteuer zahlen?

Die Bemessungsgrundlage für die ZwSt ist der „Mietwert". Da die ZwSt aufgrund der individuellen Gemeindesatzung erhoben wird, sind die Berechnungsmodalitäten von Ort zu Ort unterschiedlich.

Im Fall 139 hat P neben seinem Hauptwohnsitz in Berlin eine Nebenwohnung in Dresden inne. Nach der Zweitwohnsitzsteuersatzung der Landeshauptstadt Dresden unterliegt eine Zweitwohnung der ZwSt. Die Steuer bemisst sich nach der Nettokaltmiete. Sie beträgt in Dresden 10%

der Bemessungsgrundlage. Die ZwSt beträgt für P 10% von EUR 5.000 = EUR 500.

Hinweis: *Die Anmietung der Nebenwohnung war beruflich veranlasst. P kann die ZwSt bei den Einkünften aus nichtselbständiger Tätigkeit gem. § 19 EStG als Werbungskosten nach § 9 EStG (Stichwort doppelte Haushaltsführung) geltend machen, denn diese Ausgabe erwächst ihm zwangsläufig aus seiner beruflichen Tätigkeit.*

Erwerbszweitwohnungen verheirateter Berufspendler

▬▬ Fall 140

Ein Jahr später hat P geheiratet. Hat dies Auswirkungen auf die ZwSt?

Seit einer Grundsatzentscheidung des BVerfG sind Ehegatten von der Steuerpflicht ausgenommen, die eine Zweitwohnung erwerbsbedingt nutzen.

Im Fall 140 kann sich P auf die Privilegierung für Ehegatten berufen, da die Zweitwohnung durch einen Ehepartner aus beruflichen Gründen genutzt wird. Dresden hat diese Rechtsauffassung in seine Zweitwohnungssteuersatzung aufgenommen. Verheiratete Berufspendler, wie unser P, sind demnach von der ZwSt befreit. So bewirkt die Ehe noch einen kleinen Steuerspareffekt.

Befreiungen

▬▬ Fall 141

Der Hamburger Student S studiert in Pirna und hat dort ein Zimmer in einem Studentenwohnheim gemietet. S widmet sich voll und ganz dem Studium, er geht keiner Erwerbstätigkeit nach und ist daher ohne Einkommen. Muss er ZwSt zahlen?

Unter den Wohnungsbegriff können – je nach Satzung – auch Wochenendhäuser, Jagdhütten, Wohn- und Campingwagen mit festen Stellplätzen, Zimmer in Studentenwohnheimen und sogar ständig bewohnbare Hausboote fallen.

Manche Satzungen sehen Steuerermäßigungen oder sogar Steuerbefreiungen vor, z. B. für Studenten, Auszubildende, Wehrpflichtige und Zivildienstleistende.

Nach der Zweitwohnsitzsteuersatzung der Stadt Pirna gilt auch ein einzelnes Zimmer innerhalb einer Wohnung als Zweitwohnung. Damit fällt das Studentenzimmer des S im Fall 141 unter die Steuerpflicht. Allerdings billigt die Satzung einkommenslosen Studenten eine Befreiung von der ZwSt zu. S muss also keine ZwSt zahlen.

Ferienwohnungen

Fall 142

Vermieter V besitzt in Mecklenburg-Vorpommern eine Ferienwohnung. Die Wohnung wird zu 80 % des Jahres an fremde Feriengäste vermietet bzw. zur Vermietung bereit gehalten. In der übrigen Zeit nutzt V die Wohnung privat. Welche Auswirkungen hat die Vermietung auf die ZwSt?

Die Zweitwohnungssteuersatzung der Hansestadt Rostock erhebt für Zweitwohnungen in Mecklenburg-Vorpommern die ZwSt nach der jährlichen Nettokaltmiete. Für eigengenutzte Wohnungen ist eine ortsübliche Vergleichsmiete heranzuziehen. Die Steuer beträgt 10 % der Bemessungsgrundlage.

Die Gemeinde Rostock wird im Fall 142 für die Zeit der Selbstnutzung anhand der erzielten Mieterträge einen Vergleichswert als Bemessungsgrundlage heranziehen. Da die Ferienwohnung zu 80 % für die Einkunftserzielung nach § 21 EStG genutzt wird, kann V die ZwSt, soweit sie auf Vermietungszeiträume entfällt, bei den Einkünften aus Vermietung und Verpachtung gem. § 21 EStG aufwandserhöhend (als Werbungskosten) berücksichtigen.

Zu guter Letzt

Wenn man eine Schatzkiste öffnet, findet man darin zahlreiche Schätze verborgen. Heben Sie den Schatz dieses Buches! Sie sind nun auf den letzten Seiten dieser kleinen Abhandlung über die Materie des Immobiliensteuerrechts angelangt. Sie haben sich ein umfassendes Grundwissen angeeignet, dass Sie in die Lage versetzen wird, Sachverhalte von steuerlicher Relevanz zu erkennen. Diese kleine Bibel soll es Ihnen ermöglichen, bei Fragestellungen den richtigen Lösungsweg einzuschlagen.

Es empfiehlt sich zur Festigung und Vertiefung des erlangten Wissens die Lektüre der zu den einzelnen Gesetzesnormen veröffentlichten Richtlinien sowie der ergangenen BMF-Schreiben. Und abschließend noch ein bewährter Rat aus alten Schultagen: „Wiederholung ist die Mutter der Weisheit", also, schlagen Sie, wenn Sie unsicher sind, noch einmal nach und vertiefen sich in die Beispiele; dann wird der AHA-Effekt nicht ausbleiben. Zudem werden Sie sich noch lange an diese aufregende Reise durch die Welt des Immobiliensteuerrechts zurückerinnern.

Zitierte BMF-Schreiben

▶ Die nachstehenden BMF-Schreiben sind unter www.bundesfinanzministerium.de als pdf-Datei abrufbar.

– BMF-Schreiben vom 26.03.2004 „Abgrenzung zwischen privater Vermögensverwaltung und gewerblichem Grundstückshandel"

– BMF-Schreiben vom 08.10.2004 „Einkunftserzielung bei den Einkünften aus Vermietung und Verpachtung"

– BMF-Schreiben vom 05.10.2000 „Private Veräußerungsgewinne mit Immobilien"

– BMF-Schreiben vom 18.07.2003 „Abgrenzung von Anschaffungskosten, Herstellungskosten und Erhaltungsaufwendungen bei der Instandsetzung und Modernisierung von Gebäuden"

– BMF-Schreiben vom 27.12.2002 „Steuerabzug von Vergütungen von im Inland erbrachten Bauleistungen (§ 48ff EStG)"

– BMF-Schreiben vom 06.12.2005 „§ 15a UStG – Berichtigung des Vorsteuerabzugs"

– BMF-Schreiben vom 26.10.2007 „Anwendungsschreiben zu § 35a EStG"

▶ Das nachstehende BMF-Schreiben ist unter www.bundessteuerblatt.de als pdf-Datei abrufbar:

– BMF-Schreiben vom 29.04.1994 „Einkunftsermittlung bei im Betriebsvermögen gehaltenen Beteiligungen an vermögensverwaltenden Personengesellschaften"

(Fortsetzung von Seite 4)

A	Abschnitt
Abs.	Absatz
AfA	Absetzung für Abnutzung
AG	Aktiengesellschaft
AK	Anschaffungskosten
AO	Abgabenordnung
BauGB	Baugesetzbuch
BerlinFG	Berlinförderungsgesetz
BewG	Bewertungsgesetz
BewRGr	Richtlinien für die Bewertung des Grundvermögens
BFH	Bundesfinanzhof
BMF	Bundesministerium der Finanzen
BVerfG	Bundesverfassungsgericht
DM	Deutsche Mark
ErbStG	Erbschaftsteuergesetz
EStDV	Einkommensteuerdurchführungsverordnung
EStG	Einkommensteuergesetz
EStH	Einkommensteuerhinweise
EStR	Einkommensteuerrichtlinien
ETW	Eigentumswohnung
EÜR	Einnahme-Überschussrechnung
evtl.	eventuell
GbR	Gesellschaft bürgerlichen Rechts
gem.	gemäß
GewStG	Gewerbesteuergesetz
GG	Grundgesetz
ggf.	gegebenenfalls
GmbH	Gesellschaft mit beschränkter Haftung
G-REIT	German Real Estate Investment Trust
GrEStG	Grunderwerbsteuergesetz
GrStG	Grundsteuergesetz
GU	Generalunternehmer
GuV	Gewinn- und Verlustrechnung
H	Hinweis
HGB	Handelsgesetzbuch
HK	Herstellungskosten
i.d.R.	in der Regel
i.H.v.	in Höhe von
i.S.d.	im Sinne des
i.V.m.	in Verbindung mit

KG	Kommanditgesellschaft
ND	Nutzungsdauer
Nr.	Nummer
o.g.	oben genannt
p.a.	per anno
p.r.t.	pro rata temporis
qm	Quadratmeter
R	Richtlinie
REITG	REIT-Gesetz
sog.	sogenannt
TH	Treuhänder
Tz.	Textziffer
u.a.	unter anderem
UB	Unbedenklichkeitsbescheinigung
UStDV	Umsatzsteuerdurchführungsverordnung
UStG	Umsatzsteuergesetz
UStR	Umsatzsteuerrichtlinie
u.U.	unter Umständen
u.v.m.	und vieles mehr
vgl.	vergleiche
v.T.	vom Tausend
VuV	Vermietung und Verpachtung
WEG	Wohneigentümergemeinschaft
z. B.	zum Beispiel
ZwSt	Zweitwohnsitzsteuer

BGB – *leicht gemacht*
Kleiner BGB-Schein für Juristen, Betriebs- und Volkswirte

von Dr. Heinz Nawratil, Notar

30., überarbeitete Auflage

Eines der erfolgreichsten Bücher zur Einführung in das Bürgerliche Recht, mit dem Generationen Studierender den Einstieg in das Fach gefunden haben.

Frisch und witzig, mitreißend und anregend geschrieben.

Erscheint bereits in 30. Auflage mit mehr als 1 Million verkauften Exemplaren!

16,5 x 11,5 cm
broschiert,
149 Seiten
2008

ISBN 978-3-87440-227-9
9,95 €

Arbeitsrecht – *leicht gemacht*
Eine Darstellung mit praktischen Fällen verständlich – kurz – praxisorientiert

von Dr. Peter-Helge Hauptmann, Richter am Amtsgericht

6., völlig neu bearbeitete Auflage

Arbeitsrecht ist das Gebiet, das den meisten Menschen im Alltag begegnet und immer wieder Verständnisprobleme schafft. Hier wird an Hand alltäglicher Beispiele die Materie – das Individual- ebenso wie das kollektive Arbeitsrecht, aber auch das Arbeitsgerichtsverfahren – lebendig und verständlich dargestellt. Mit übersichtlichen Prüfschemata für die ordentliche und außerordentliche Kündigung.

16,5 x 11,5 cm
broschiert,
112 Seiten
2007

ISBN 978-3-87440-218-7
9,95 €

Internet: www.kleist-verlag.de

Steuerrecht – *leicht gemacht*
Eine Einführung nicht nur für Studierende an Hochschulen, Fachhochschulen und Berufsakademien

von Professor Dr. Stephan Kudert   3., überarbeitete Auflage

In leicht verständlicher, bewährt fallorientierter Weise führt der Verfasser den Leser in das System des scheinbar undurchdringlichen deutschen Steuerrechts ein. Damit ist dieser Band ebenso eine unerlässliche Lernhilfe für die Steuerklausur wie auch Beistand im Beruf und Alltag. Die in der Praxis relevantesten und in der Wissenschaft am meisten behandelten Unternehmenssteuern – ESt, KSt, GewSt, USt – und AO sind systematisch so dargestellt, dass der „rote Faden" auch für Laien erkennbar wird. Kurz aber präzise werden ebenso die Mitunternehmerbesteuerung und die Grundzüge des internationalen Steuerrechts – mit DBA-Recht – erläutert. Mit der Unternehmenssteuerreform 2008/2009.

16,5 x 11,5 cm
broschiert
166 Seiten
2007

ISBN 978-3-87440-232-3

10,90 €

Die Steuer der Personengesellschaft – *leicht gemacht*

von Diplom Finanzwirt Franz Heinen

Das *leicht gemacht*® Steuerlehrbuch für die GbR, die OHG, die KG, die GmbH & Co. KG und die stille Gesellschaft.

16,5 x 11,5 cm
broschiert
161 Seiten
2008

Der Autor, ein erfahrener Finanzbeamter, stellt detailliert und mit großer Sachkenntnis die Ertragsbesteuerung der unterschiedlichen Personengesellschaften dar. Er beginnt mit einer umfassenden Gegenüberstellung der verschiedenen Grundformen und vermittelt im Weiteren alle Aspekte der Ertragsbesteuerung. Dabei lässt er auch die bekannten Problemfälle nicht aus.

ISBN 978-3-87440-225-5

10,90 €